小浜島

MAP

～のんびり観光が一番!! ～

―――――	舗装路
…………	未舗装路・農路・歩道 必ず徒歩で通行を。自転車は押し バイク・車は近くに駐車を。
――→	矢印に向って上り坂
Ⓓ	ドリンク販売ポイント
W.C.	トイレ。少ないので要CHECK!!

＊ 乗り物の駐輪・駐車はマナーよく。住民＆交通の迷惑にならないように!!

登り口はA～Cの3ヶ所、頂上からの
ふもと周りの道の散策も気持ちいい。
方の山の頂上からは"カズヤの木"を

正面に
ヨナ

の時は正面に海!! とても気持ちがいいです。

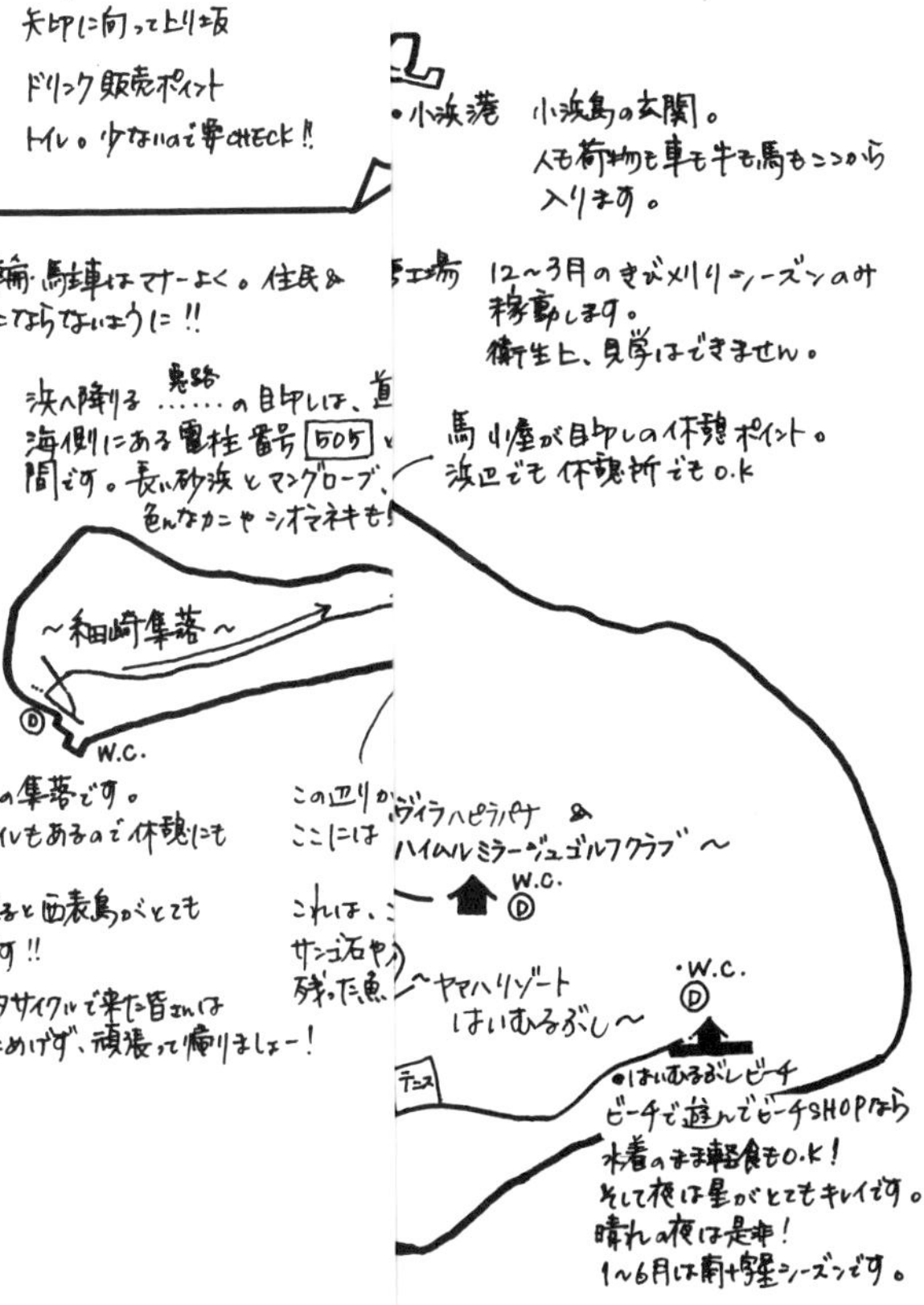

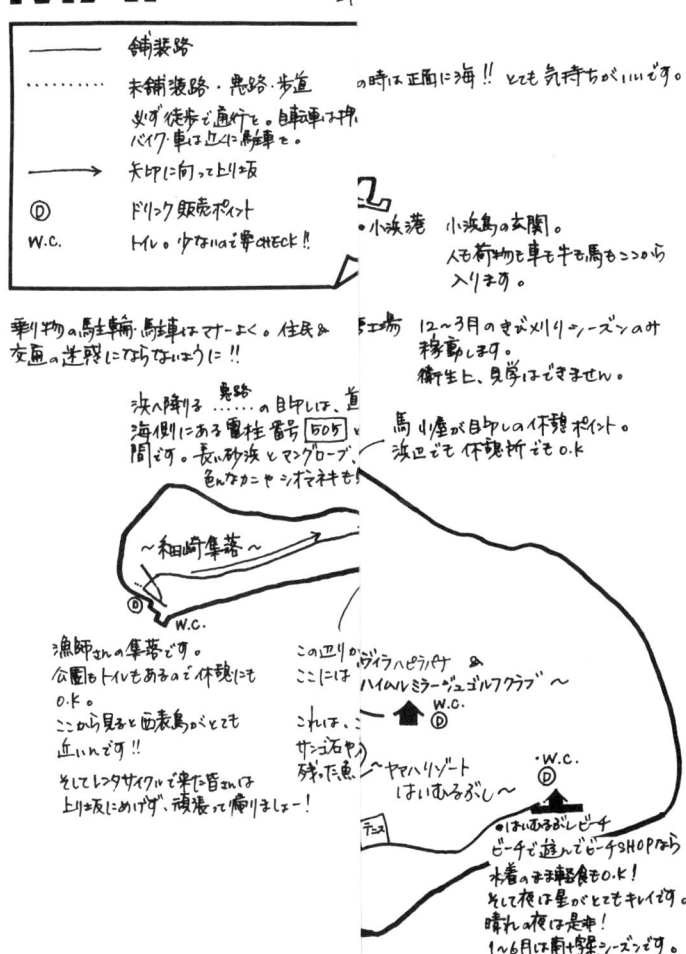

集落内M

集落内では子供～おじーちゃん・おばーちゃ
車やバイクはゆっくり・ゆっくりでお願
お店などは定休日に関係なく島の行

何もなさそうな島ですが、ゆっくりまわると
集落内も意外とおもしろいです。集
ゆっくり・じっくり観察下さい!!

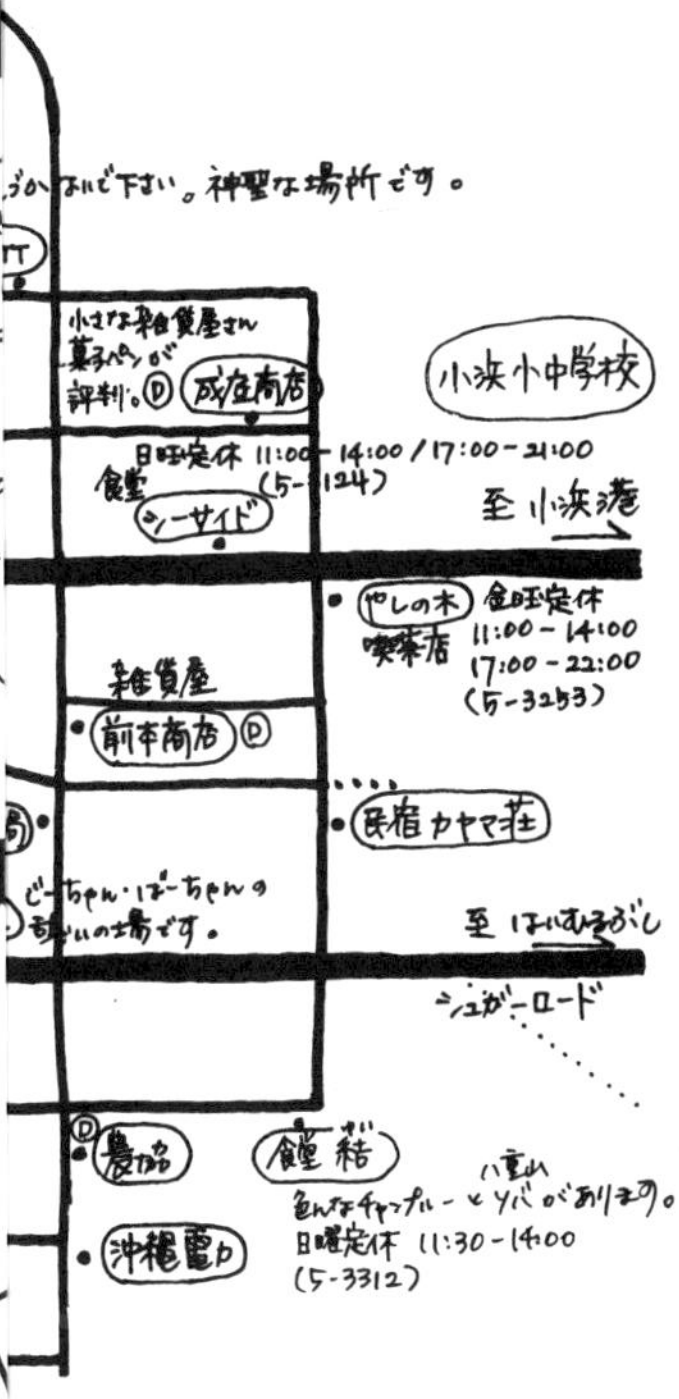

細崎集落内

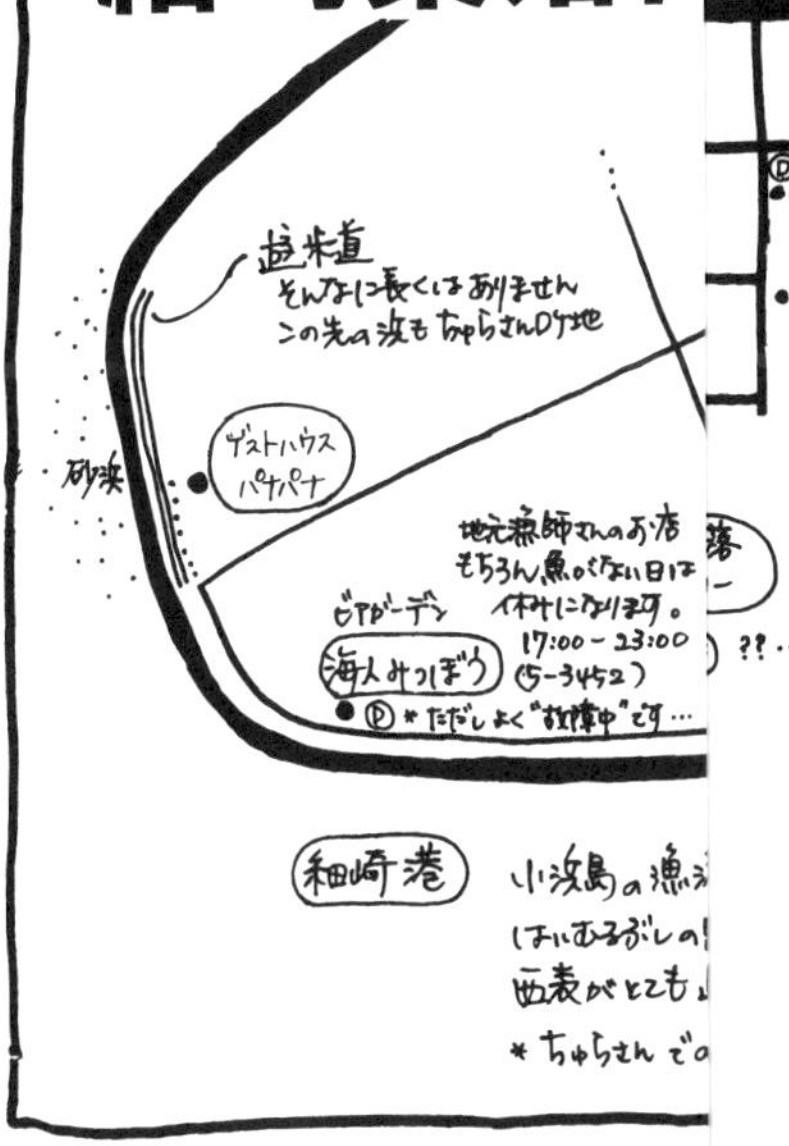

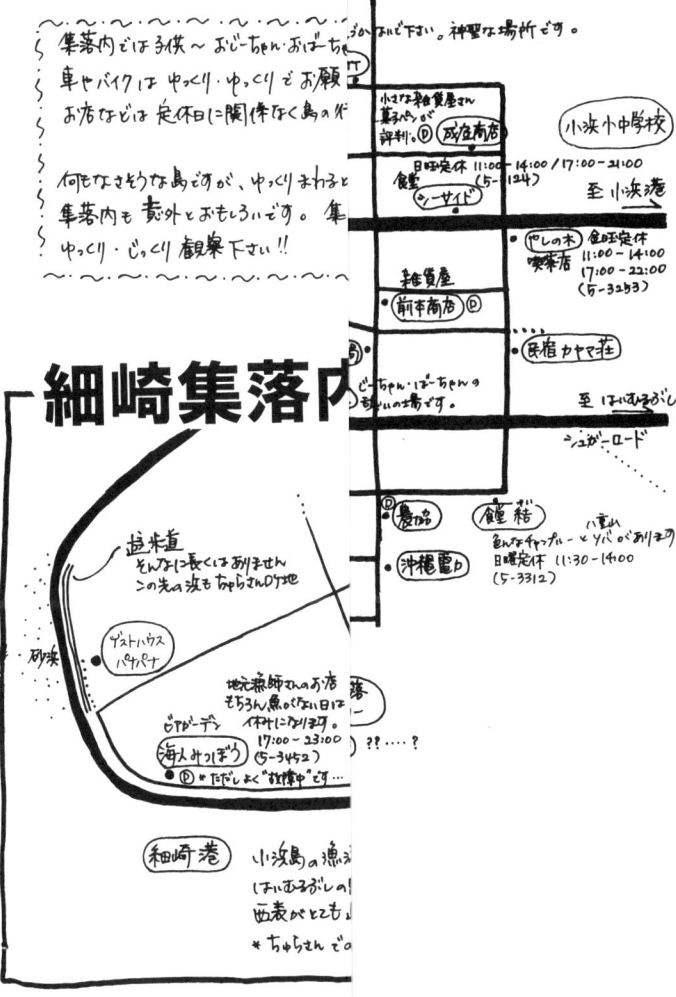

目次

八重山病　～まえがきにかえて～

第一章　小浜島歳時記　13
四季のあいまいな亜熱帯の小島にも訪れる季節のうつろい。
風物、行事、祭りから島の四季を訪ねる。

第二章　島暮らし　53
時間はのんびりだけど、意外とハードな島での暮らし。
そこには、街にはない驚きがいっぱい詰まっている。

第三章　島人（しまんちゅ）　121
島に暮らす人、島を訪れる人、島の外で出会う人。
様々な人との出会いと交流が島での日常をより豊かなものに。

第四章　「ちゅらさん」――― 143
島に降ってわいたような、ＮＨＫのドラマのロケーション。
初めての経験に誰もが右往左往。さて、その結末は。

第五章　音楽 ――― 159
音楽を通して表現する、様々な島の表情。
音楽を通して出会った多くの人々やイベントの数々。

あとがき

プロフィール

ディスコグラフィー

八重山病 ～まえがきにかえて～

はじめまして。つちだきくおです。一九八九年から、八重山は小浜島に住む、島ナイチャーのミュージシャンです。はいむるぶしという島内のリゾートホテルをベースに活動し、月一回のペースで、関東、関西に出ては、島のワンダフルを訴えている、変な九州人です。

多い人で三十回も通うほど、八重山、小浜島はワケのわからない魅力をもっています。「何故だろう？」と、答えを探しにズルズル通っている人が沢山います。そんな人たちには、石垣空港の着陸時の逆噴射の激しさが、たまらないのです。具志堅用高さんによく似たタクシーの運転手さん達が懐かしいのです。小浜島のデコボコ道さえ、「エクボの小径」と言い切ってニコニコなのです。そんな症状に陥っている人を「八重山病」患者と、私がネーミングしました。

内地にいて、ＮＨＫの天気予報の画面の左下をボーッと放心状態で見つめ、そこに雲の渦巻きを発見した日は「台風！」と一人ドキドキ心配し始める。それがもう八重山病なのです。民放では、八重山が映らないので、ついＮＨＫを見てしまうのです。

私自身も五回通って結局移住しました。あのオウム真理教の林被告も、過去に十回ほど通っていたそうです。彼もまた八重山病だったのではないかなぁ。

治す薬は、今のところありません。「絶対、また来ます！」と言って笑顔で帰る人に港で手を振りながら、十年前の自分も同じ瞳で言っていたなぁ。あの時も、南風が笑っていたなぁ。

あれが、この病気の始まりだったんだなぁと、一人酔いしれる毎日なのです。

おっと、キビ刈りの時間だ。

一九九七年二月

第一章　小浜島歳時記

八重山の一年

四月、でいごが咲きはじめ、若夏（うりずん）という優しい季節を迎える。

五月、ゴールデンウィーク明けあたりから梅雨（これは内地のそれとは違う陽性なもの）入り。

旧暦五月四日、海人の大祭ハーリーが開催されると、夏至南風（かーちばい）が約十日間吹き、七月上旬完全に夏が来る。ガラスのような海に雲がきれいに反射され、最高のレジャーの季節。それからずーっと夏。何回か台風に襲われながらもずーっと夏。

十月下旬、フーッと新北風（みーにし）が吹いてきて、見上げると高い空をツバメが渡り、紀伊半島からサシバも渡ってくる。

十一月下旬、さとうきびの花が咲き、暑さから解放されるが、クリスマス前後、今度は、歳暮南風（しーぶばい）が四日間ほど吹いて暖の戻り。

そして、正月を迎えた頃から気温がグーンと下がり、一月八日製糖作業が始まると、太陽が隠れてしまい毎日小雨まじりの北風が吹く。キビ刈りのおじぃの視線からサングラスをかけて逃げ回り、二月には寒さの底を迎える。最高気温が十三度を切ると、八重山の二つの新聞の記事に「今年最低の冷え込み、観測史上第三位」などと、北海道の人が見たら気絶しそうな記事が載り、その下の写真には、寒そうな表情で石垣島のアーケードの出口付近に立つ、主婦の縮こまった身体、それでいて足元は裸足にスリッパというものが写っている。

三月に入り、春分の日。無理矢理の「海びらき」が、何故か石垣市、竹富町合同ではなく別々に開催される。全国から報道陣が集まり、唇を真っ青にした地元の子供達の泳ぐシーンが全国に伝えられる。もちろん、海から上がった後に暖をとるための焚き火は映らない。

そうこうしているうちに四月。また、でいごの季節を迎える。つちだきくおの見た、八重山の一年でした。

一九九七年九月

島の元旦

島の元旦を見つめて十年になるが、元旦の島は静かだ。それぞれの親族の家々への年始のあいさつだけで終わり、落ち着いている。

ただ、はいむるぶしの夜は、「ミートゥス（新年）コンサート」と銘打ったイベントで盛り上がる。昨年の黒潮ルネッサンスでデビューした群星エイサー隊。まだ、日出克の曲、三曲のみのレパートリーしかない初々しいエイサー隊だが、練習はみっちりとやって、絵になっているし、南島詩人、平田大一との共演も良かった。最後の締めを、僕の「夢」という曲で終えて、満足のいく企画となった。

はいむるぶしの、正月の企画は基本的にそれだけ。あとは、支配人から要請のあった餅つきと、島のオジィが先生になっての竹笛やソテツのカゴ作りといったメニューがあるくらい。お客さんには、基本的にゆっくりと過ごしてもらおうという主旨なのだ。

ところが正月二日は、元旦の静けさとは一八〇度変わって、賑やかに新年会、生年祝い、成人祝いが合同で行われる。その差の激しさがまた楽しい。その日は、皆が公民館に一品ずつ持ち寄っての宴が遅くまで続くのである。

一九九九年二月

凧揚げ大会、新世紀

小浜島の新世紀の幕開けは、良い天気に恵まれて、二日の大新年会が終わったら、もうキビ刈りの準備が始まった。今年もサングラスかけてキビ刈り頼むと訴えているおじぃー達の熱い視線から逃げまくっている僕であるが、ある日空を見上げると、凧が高い空に舞っていた。小浜小学校の一・二年生の恒例凧揚げ大会の日だった。ＰＴＡのくせしてすっかり忘れていた。

石垣島、黒島、新城島、そして少し丸い水平線が一望できる大きな校庭になんと、一・二年生総数七名、その親、先生三名がポツンと凧揚げしている。何という贅沢。街では考えられない空間の広さ。凧が揚がって、喜ぶ親子、走りまわって、ゼーゼー息切らしてる、とうちゃん。改良しないと揚がらないと判断し、出来上がった時、終了といわれ愕然と立ちすくむきくおとうちゃん。両親が来れなかった一年生のため、親代わりに頑張る校長先生…。楽しく、でも二十五度もあって、日射病で誰か倒れるんじゃないかと思えるほどの暑い凧揚げ大会だった。凧揚げというと、ありがちなのが、電線に引っかかった凧の風景だが、七人だし、校庭も広いし…と思っていたら、あった。見事に？　一年生の男の子の凧が何故か校庭の端の端の電線に。先生が脚立に乗って棒持って、頑張っていると、見かねた中学生が「僕にまかせなさーい」と交代。でも糸が絡まりすぎて、なかなか取れない。下では、一年生の泣きそうな顔。そうこうしてると、ゴーという音と共に、キビ運搬車が現場に現れ、凧の下で止まり、助手の青年が凧を車の屋根に飛び乗って、手で外し男の子に渡し、頭を撫でて、風のように車は立ち去った。後にはみんなの大歓声。憎いねー。校庭の向こうに道路がある。校庭内の様子を見て、判断してやって来たのだろうが、そんな余裕がでたっていったい、何キロで走ってたんだろうね？

二〇〇一年二月

キビ刈りとサングラス

一月。今年もキビ刈りが始まった。夏の間、静寂に包まれていた製糖工場に、活気が戻ってきた。

キビ刈りと言えば、十年前、初めてキビを刈らせてもらった時のことを思い出す。三日間、北風の中、葉を落とされたキビを肩に担ぎ、クレーン車が停まる道路近くまで運んで、「井」の字型に組んでいった。単純な作業ではあったが、身も心もボロボロになる大変な作業であった。「オジィ、給料なんかいらんヨー」と、心意気で始めたものの、三日目、あんなこと言うんじゃなかったと、マメだらけの手のひらを見て思ったものだ。

オジィは、私以上に疲れているのに、毎晩、宴会を夜遅くまで開いてくれて、かえって迷惑をかけてしまった。嬉しくも苦い体験を思い出す。

で、以来、この時期、サングラスが必需品となった。どの道を通ってもキビ畑がついてくる島だから、キビ刈り中のオジィたちに必ず見られるのだ。オジィたちの視線が熱いのである。「明日手伝えんか〜」と、声のない声が届くのだ。知らんぷりして逃げるには、サングラスしかない。私と同じ立場の人の中には、ウォークマン派もいる。

南島詩人、平田大一とその父は、九五年から、援農塾というものを始めた。宿泊、食事は平田家が営むうふだき荘もちで、キビ刈り体験をしてもらうというもの。給料はない。旅費は自腹という条件で、のべ三〇〇人もの人が、全国から集まった。天使のような人達である。

♪ぼ、ぼ、ぼくらは、働く援農隊♪　と歌いながら、若手のいない畑から加勢していく。それを横目に通り過ぎるサングラスの僕。しかし、こんなことができるのも今年限り。子供が小学校に上がると、サングラスにも容赦ないＰＴＡのキビ刈りが待っているそうだ。

今年が最後だから見逃してよ〜、オジィ。

一九九七年三月

キビ刈り　ミレニアム

毎年、キビ刈りヘルプ依頼のオジィやオバァたちの視線から必死に逃げまくっている、島で一番暇な僕だが「ミレニアムだしなぁ」などとフと考えると、急にキビ刈りヘルプをやらねば！　などという訳のわからない結論に達し、それでも飽きやすい性格ゆえ、ちょっと上等なカッパを購入した。途中で投げ出したくなったら、カッパを見つめ、初心にかえろうというまた変な決意だった。

午前中の四時間のみではあったが、少しずつ開けてゆくキビ畑からの風景に、やりがいも生まれた。大きな畑にポツンと風に吹かれ、キビ刈りやってる自分が、妙にいとしく想えたりして、またまた悦に入っていた。

朝、畑に行くと、オジィはすでにキビの葉を集めている。牧場の牛のえさにするためだ。「おはようございまーす」と言っても、ザワワザワワとキビの葉音で届かない。黙々と働いている。途中気配に気づいて、きびしい顔がニコッ、「ありがとうなぁ」と言ってくれる。それだけで充分なのだ。そして、十時をまわった頃、長男の嫁が「ハーイ、お茶にして下さいネー」と畑の外から、赤ちゃんをかかえて呼ぶ。「チャウキ（ナカユクイ）」の時間だ。至福の時だ。オジィはその間、色々と教えてくれる。「あそこは、ノーリン8号、こっち側の畑はノーリン9号で、8号はよう、重くって難儀だけど、ブリックスは高いサ。台風に弱いけどヨー」。すると「ちがうってば、K1が上等ダヨー」とユイマールの近所の人。聞いたことのない単語が次々と出てきて、メモしたくなる。加えて昔の想い出も次々と飛び出す。いい時間だ。

毎日一緒に働いているのに、アルバイト料を受け取らないボクに、「なら、あんた、この畑半分貸すサー。キビ植えてみるかぁ?」との進言。うれしくて思わず「ハイ」と言ったボクは二年後の冬、歌う農業しぇいねんになる事になった。

二〇〇〇年四月

小浜島駅伝大会

今年はキビも豊作で、それでいて人手不足だから、ボクも時間がある時はキビ刈り手伝いをしている。「難儀だのに、何でキビ作るワケ」と、街に住む子供たちから言われることも多いらしいが、「先祖の土地をヨ、そのまんまにしとったら、荒れて申し訳がたたんサー」という想いで、オジィやオバァたちは、キビ刈りをしている。同じ島の風の中にいるとそんなオジィたちの方が、正しいような気がして、手伝いたくなる。援農の人達も加わり二十四時間、製糖工場から黒い幸せな煙が、南にとんでいる。そんな島の空気をサラリとリフレッシュしてくれるのが、PTA主催「駅伝大会」である。

小中学生が四十名しかいないので、地域の人達も半日間仕事を休んで参加してくる。今年は七チームできた。約十四㎞を十三名でたすきをつなぐ。昨年はダ・パンプのSHINOBUも帰省して参加したが、今年は忙しくて帰って来れなかった。ボクはランナーにはなれない、PTA役員。配送係として軽トラックのハンドルを握る。「本来、こういう事はダメなんだよ。しかし島の事情もあるからしょうがない」普段、「軽トラックの荷台に沢山人をのせないで下さいね」と言う駐在さんに見送られながらのスタート。先導は駐在さんとPTA会長が乗る年に一回しかまわさない天上の赤いライトをつけたパトカー。「へぇー、あんな風に光るんだ」

などと周りは感心している。会長自ら、マイクを持ち「キビ刈りご苦労さまでーす。駅伝やってます。どうかご声援を！」と、叫ぶと、オジィやオバァがニコニコ顔で畑の中から声援を送ってくれる。牛たちはただ唖然。終了後、ＰＴＡ婦人部が作ってくれた「おしるこ」をみーんなで食べ、ホノボノとした大会も終了。

島の駅伝の日、二月なのにデイゴが咲き始めた。

二〇〇〇年三月

二月風《かじ》まい

音楽の旅の途中、日本中何処へ行っても風はビルなどの人工的なものに歪んで、驚くほど不思議な感じがする。風をさえぎるビルもない、ここ小浜島では、風そのものを真っ向から受け止めて暮らしている。

さて、「二月風まい」と言う言葉がある。旧暦二月、若夏の前に、一日に七回も風向きが変わり、急速に発達して東進する、冬の最後の抵抗とでもいえる嵐のこと。それが、いつ来るのか、また年によって規模も違うので、もう来てしまったのか。今年は来ないのか、などということもわからない。

古人にとっては、驚異の風だったそうだ。今でも詳しいメカニズムはわかっていないそうだ。人は文明の中で暮らし、動物的な、本来発揮すべき直感を非現実的なものと位置づけ、嵐の前兆ですら体感できなくなってきていると思う。でも、動物たちは、ちゃんと知っている。二月風まいを知るヒントはカニである。海人のことわざに、「カニが海の方向に巣穴を掘らないうちは、まだ風まいは終わっていない」というものがある。浜辺を散歩するのが好きな僕は、旧暦二月の浜辺を一人歩きながら、カニの巣穴をジーッと見つめ、「丘を向いている。まだ春は遠いなぁー」などとつぶやいていると、「あれ、こいつは海を向いている。れれれー、あいつは丘を向いている。どっちだ～」と苦しむことになる。例外も数多く、アテにならないことも多いのだ。

だから二月風まいは、怖いのである。漁から帰ってきたオジィに「海で風まいに会ったら大変だね～」と、尋ねると、「風が回れば、船も回せばいいさ～」。二月風まいをしのぐ、すごい感覚の人であった。さて、今年はどうだったんだろう。

一九九九年四月

三月あしび

大岳会（うふだきかい）。それは二十七名もいる一人暮らしの八十才以上のお年寄りのため、デイケアをやっている六十代中心のボランティア女性陣の会。この方々が元気だ。色々な手習い事を通じて何かと孤立しがちなお年寄りに、楽しみを提案し続けている。「ふれあいセンター」という施設に、お年寄りを集めて頑張っている。そして年一回、そのサークル活動的な成果を島の人に見てもらえるよう、学習発表会「三月あしび」が開催される。準備には、青年団員らも大いに参加し手伝うが、本番が始まる頃にはその姿がない。バァちゃんたちの化粧姿がそこにあるから！　かもしれない。僕も初めて遭遇した時には二秒ほど気を失った（笑）。結構、きれいになっている。狂言劇、日舞、琉舞、歌と、続々と出し物が続く。その間、控え室は、ワイワイ、ギャーギャー準備に皆大奮闘中である。

地謡《じかた》は公民館長じきじきのボランティア演奏。大拍手、笑い声、九十三才の歌うジラバに会場全員の相づち。三時間近くの発表会は、楽しく過ぎてゆく。昨年は事情があって開催できなかったとか。「バァちゃんたちヨ、目標なくしてからに、ドーンと元気がなくなったサ。今年やると聞いてから目の輝きが変わったヨ。良かったサー」とは大岳会会長花城キミさん。

お祭りの元気が島人の活力だなぁ。やり遂げるには大変な難儀もあるけれど、大岳会会員や関係者の人達の想いが嬉しかったなぁ。

ただ後片付けの時に、何故か控え室に下着やズボンの忘れ物が続々と出てくるのは、頭の痛いということであった。アカショービンの鳴くうるずんの昼下がりの風景まで。

二〇〇〇年五月

教職員大送別会

三月下旬、島は、出る人、新たに来る人の入れ替わりの時期で、何かと慌ただしい。特に学校の先生は終業式が終わるとすぐに引越しの準備に入る。コンテナの手配一つとっても大変なのだ。

そしてもう一つクリアしなければならない「教職員大送別会」が待っている。主催はＰＴＡ。夕方から卒業生をもつ父母が公民館の清掃を始め、夜七時にスタート。ＰＴＡの文化部長のつちだきくおは夜の蝶。はいむるぶしのロビーコンサートを休むことができず、肩身の狭い思いをしながら夕刻まで公民館の清掃や飾り付けをやる。

ＰＴＡ会長から「歌が終わってからでいいからよー、来いナ〜」と声をかけられ、「十時ぐらいになりますよと」と答えると、「まだまだやってるさー」との返事。三時間で終わらないのかなぁと、少々不安になりながら、仕事を終えて公民館に辿り着くと、一杯のビールも飲んでいない僕とは明らかに違うテンションの人ばかりが、グイグイとやっている。ビール党の僕には、ぬるくなったのが一缶だけ届く。島でビールは乾杯用ぐらいにしか考えられていないのだ。ステージをみると、先生の余興が始まったばかり。子供には見せられない珍芸の数々が続き、会場からは「シターイ」「ピ～」と大声援。ノリまくった先生は、アンコールなんて言っていないのに、「では、アンコールにおこたえしまして…」と、また大爆笑芸。それを見ていた駐在さんもキングコングのお面をつけて舞台で踊る。

午後十一時半をまわった頃、ようやくお開きとなり、出口で島に残る人たちが見送りのための人の道を作り、涙々の送別会となる。その時、生演奏で流れるのが「小浜節」だから、僕もジーンときて涙。いつの間にか三合瓶を片手にもって見送っていた。終わりよければすべてよし。だが、その後、ＰＴＡ会長主催の二次会は三時まで続いて、翌日を失った僕であった。

一九九九年五月

でいご伝説

私が七年前、小浜島で初めて借りた家は赤瓦の昔風な家の離れにある、トタン屋根の家でした。

朝六時、小浜のバアちゃん達が、我が大家ヒデさんちに集合する。七十九才から九十一才までの四人衆。皆しっかりはしているが、耳が遠い。とても大声。横の家で暮らす私はブルージーなギター弾きにありがちな、昼が朝の人であったから、それは堪え難い小浜での生活の始まりでもあったわけ。

最初の年は、小浜語の会話がまったくわからなかったものの、二年目には私の悪口だけは、しっかりわかるようになり、三年目には、一緒にゆんたくをしていました。

ある時、「でいごの咲きが悪い年はよー、大きな暴風が来るさー」と、自信ありげに一人のばぁちゃん。「そうさー、そうさー」と、ほかの三人も相づち。確かに、住み始めた年は大きな台風もなく、でいごの咲きも良好。なるほど、なるほど。

そして四年目の春、でいごは満開。「今年も来んさー」という言葉を信じての七月。どうしたことか、風速七十メートルの暴風が島を襲い、花という花、緑という緑、すべて皆、持っていってしまった。吹き返しの中、「もう内地へ帰ろう!」と、何度も思った私でした。その後、八月、九月、十月と、同じレベルの台風が、笑いながらこの島を通り過ぎました。それでもシンジャ（さとうきび）だけは、どうにか生き延び、冬には花を咲かせました。

その時、ばぁちゃんたちに一言。「でいごが満開でも、来る時は来るじゃないか。ばぁちゃん達よ~」。強い口調で迫った私に、「あんた若いさぁ。物事にはよ、例外もあるさー」と、あっさり切り返された。

お年寄りを中心に言い伝えられる伝説は、ある程度の例外を含めて、昔から必ず当たってきたんだという事実を教わった四年目の私でした。

一九九七年三月

カジマヤーのパレード

ある朝、カジマヤーの祝いに、九十七才のばぁちゃん宅へ島の人が集まった。一人一本ずつ風車をもらい、沿道に立つ。ばぁちゃん宅の前の路上には、小浜小中学校生全員（五十名）の鼓笛隊。その後に、何故かフォードのオープンカー。そして、その後に、三線、太鼓、笛の楽団を荷台に乗せたトラック、そして肉親、島の公民館長などなど。無理矢理起こされたばぁちゃんは、オープンカーへ。付き添い役は、七十五才ぐらいの長女がつとめる。

「ピッピピッピッ」。鼓笛隊の奏でる音楽が始まりパレードがスタート。沿道の我々もフォードが通る時、「おめでとう」と声援を送り、風車を振る。一行が通り過ぎたら、今度は次の目抜き通りまで、皆先回りして、そこでまた「おめでとう！」。そしてまた次へ。何故って？　人口が少ないからである。そして、島にとって大事な四つ角に着くと、鼓笛隊が演奏をやめ、すかさずトラックの荷台の楽団が、三線、太鼓、笛の演奏を始め、カチャーシーが始まる。一行も観客も一体になっての乱舞。ばぁちゃんの長女は、眠っているばぁちゃんに「ばぁさん、起きれ～」と叫ぶ。やっと目を覚ましたばぁちゃんは、身体が先に反応して、これまた乱舞。

指笛が終わりを告げると、再び鼓笛隊の音楽が始まり、パレードに戻る。半日がかりのパレードの後、ばぁちゃん宅の庭に、白いテントが張られ、終日その家で宴会が続いた。

人は九十七才で、〇才に戻るという発想のカジマヤーの祝い。何故か前日までの雨が、その日だけ、カラリとあがり、若夏の風の中、守られているんだな～と、心地よい体験に感謝した一日だった。

一九九七年三月

サニツ遊び

デイゴの花が咲き揃い、冬の終わりと若夏の訪れに嬉しくなっている頃、フ～ッと考えたくないけど脳裏をよぎるのがサニツ遊び。島の八十歳以上のお年寄りの年一回の学習発表会がそれだ。「今年も旧暦の三月三日が近づいた。ボチボチ依頼が来るかも…」あ～考えまいと否定すればするほど、気になってしまう。

島には「うふだき会」という六十代、七十代の主婦が中心の、八十歳以上のお年寄りのデイケアを兼ねたボランティア組織があり、お年寄りによる、年一回の学習発表会を旧暦の三月三日に公民館で行うという恒例行事があるのだ。名前は「サニツ遊び」。何故か僕が司会者に当然の様に決まっている。それも道で、ただすれ違った時に「今年もよろしくね〜」と軽く言われ、結局、どんな用事があろうと断れない。それがもうすぐやってくるのだ。ココロの準備をしなければならない。

伝説の「バ〜チャン、ウエディングドレス、ファッションショー」が過去にあったらしい。またそれをやりたいなどと言いはじめたらと想うと、夜も眠れない。今年は幸いにもそれはなかった。加えて何人かのバ〜チャンの体調が優れず延期になり、中止かなと期待してたが五月末、しっかり開催された。

公民館には午後一時からの発表会なのに、朝九時には殆んどが集合。化粧の順番を競うからだ。司会者たるボクも音響の準備、名前を昔の屋号で紹介するのが恒例なので、そのリサーチをする。でもみんな忙しくて相手にしてくれず、僕もパニック状態で必死に訊いて回る。そして、アッという間に午後一時。竹富町の職員も加わってスタート。なんと二十もある演目が無事に終わる事を祈りながら。公民館の三分の一は控え室。紅白幕で仕切られ賑やかに人が行き来して一時間ほどしたら、順番はまだ先なのに「遅いさ〜」とのあるバーチャンからのクレーム。早速、チェンジ。するとまた待たされたほうがクレーム。進行が滞る感じがして僕が「次は○○ば～ちゃん出てね～」控え室に飛び込むと、下着姿の皆さん。思わず胸を手で隠す。時間が一瞬止まる。初めてば～ちゃん達に女を見た。ドキドキした僕は変？　そんなこんなドタバタの裏方での忙しさではあるが、ステージには笑顔がいっぱい。七十年ぶりに十七歳の頃に踊った舞踊を再現する八十七歳のオジィ。九十歳と八十六歳の夫婦による寸劇、教育勅語を一言も間違えず発表する九十歳のオバァ。観客も笑顔で精一杯の拍手。最後は全員でのカチャーシーで無事にお開き。打ち上げの弁当を皆で食べ、解散。その時、毎年、必ず下着の忘れ物が数枚。未だに取りにきた人は居ない。

帰り際、うふだき会の会長さんにどうしてここまでボランティアが出来るのかときいたら「この世代の人達は島が貧しくて人前で踊ったり歌ったりしたことが殆ど無いからよ～」とのこと。そんな想いを尋ねられないと口に出さないココロの深さを感じた。来年からは逃げずに司会をしようと梅雨の晴れ間の太陽に誓った、僕でありました。

二〇〇二年五月
（書き下ろし）

スマムニ大会

年に一回、小浜島のＰＴＡが中心になって、スマムニ大会が開催される。スマムニとは島言葉、方言のこと。四十代前後の親には話せないスマムニを、六十代から八十代の方々を特別講師に迎えて、小・中学生全員に教えるのだ。スマムニに個人的な思い入れを持っていない敬老会有志に集まってもらって生徒を振り分け、約二週間で完成させる。

ただ、講師陣がいろいろというのも事実。ジュースを出してくれる人もいれば、夜訪ねていくと、「もう寝るからよ〜」なんていう人もいるらしい。そんな中、毎年優秀賞は必ず教え子から出すという指導ぶりに、まわりからも一目おかれている人物がいる。南島詩人・平田大一の父、平田清その人。我が長男つちだごうは入賞こそできなかったが、昨年の大会でこの人に運良く講師になっていただいた。もちろん親として、お願いするにあたって「請福」の一升瓶を持参した。師は、子供の書いた文面を即座にスマムニに訳し、それをカセットテープに自声で録音し、渡してくれた。二週間、その師の声を家族全員が、まるで読経のように聞くことになって、当然みんなでマスターすることになった。師がスゴイのは、四日おきに息子に電話で経過を聞き、最後に「大丈夫、あんたが一番うまいさー」と励ますのだ。洗脳によるマニュアルを確認しているのだ。

そして、スマムニによる子供の主張発表会「スマムニ大会」。親や本島から赴任してきた先生方には、何を語っているかわからないこの大会。特別講師のみなさんは「フムフム」と頷きながら聞き入り、時には爆笑し、終わると「シターイ」（いいぞ〜）の声が上がって指笛が飛ぶ。子供たちと年寄りだけが楽しんで、ほかの人は、ただただ愛想笑いに終始するという、不思議に心暖まるイベントなのだ。

一九九八年六月

夏至南風《カーチバイ》

四月下旬から降り続いた今年の梅雨。家の中には洗濯物が万国旗のように飾られていた。六月十二日、急に南風が上がって、雨がやんだ。今年もやってきたのだ。夏至南風だ。毎年忘れずにちゃんとやってくるな～と、風に向かって語りかける。でも、島の知人は「この風はまだ夏至南風じゃないはずよ。本島も今日は大雨降ってよ～」と、水をさす。

大好きなのだ、「最高」を迎えるちょっと前が。ゴルフだと何年も優勝できずに苦しんだ世界の青木功プロ。怪力でいずれ横綱と言われたものの、結局大関止まりだった北天祐。ユーミンも歌った「十四番目の月」。学生時代、土曜の最後の授業が終わった時のチャイムの音。優勝、横綱昇進、満月、日曜日、そういった最高のちょっと手前が好きなのだ。だから真夏がやってくる手前十日間ぐらいの間吹く、この夏至南風がいとおしくなるのだ。旧暦五月四日、ハーリーと一緒に梅雨は去って、夏至南風が夏を迎えるのに必要なだけの風を連れてくるのだ。そして、この風が止んだ朝から、最強の夏が始まる。

先の知人は言う「今年はうるう年で、旧の五月四日が、二回あるさー」。だからこの風は夏至南風ではないのだと。でも、今日も夏至南風モドキに吹かれながら、真夏を夢見る僕でいよう。

一九九八年七月

庭掃除

夏、やっぱりバカンス。夏、あぶない恋が咲き乱れ、サングラスが踊る。君の灼けた肌にそっと触れる…、なーんていうのは、島の五分の一を占めるはいむるぶしのビーチでのお客さんたちの世界。島人にとって夏は大変。行事、行事、行事が続く。リゾートの恋なんかよその世界の出来事なのだ。

十年目の夏を迎えた僕も、豊年祭が近づくと、歌手の前に庭師にならねばならない。無精者なので、庭の手入れはすべて奥さんと子供たちまかせ。夏休み、僕は忙しくて休めないが、全国的には夏休みなので、僕以外の家族は全員旅行に行く。独身生活だーっと羽をのばすと、三日後には家の中はグチャグチャ、庭は荒れ放題となる。そして、豊年祭で大家さんが島に帰って来る直前になって、ようやく大掃除が始まる。

家の中はある程度終わった。さぁ庭掃除だと見渡すと、あの憎き福木の実が山ほど落ちている。これがプロパンガスの臭いに似て臭いのだ。台風の時、返し風が一番弱いのは我が家と言いきれるほど、南側に六本の福木の大木があるから、その実の数ときたらすごい。コウモリやカラスに食い荒らされてベトベトになったものも多く、難儀度がさらに上がる。電動の草刈り機を持つと、自分の足を切断しそうなほど不器用者の僕だから、カマでの草刈りがそれから一週間は続く。蚊に一〇〇カ所は咬まれながら、無口に汗を流す。辛いけど、「偉いさ〜」と、近所のオバァに褒められると、変に頑張ってしまう。福木の実もなくなり、芝もトラ刈りみたいな模様になってはいるが、もう手を加える気はなく納得する。

豊年祭の前夜、熱帯低気圧の風が吹いた。朝目覚めると、枯葉と福木の実がまた大散乱。気を失ってしまった。庭掃除、島人の避けては通れない日常。

一九九九年九月

デンサー節大会小浜島予選

「デンサー節」は、「とぅばらーま」や「月ぬ美しゃ節」と肩を並べる八重山民謡の美歌である。西表島の上原で生まれた歌だ。子供は叱っても言うことをききはしない。ならば、優しく歌って大事なことを教えようという発想で生まれた教訓歌の一つ。

この「デンサー節」の竹富町内歌合戦が、年に一回、秋に開催される。各島々の予選を勝ち抜いた代表者が一堂に会して、その年のグランプリを決める、コンテストのような大会である。ところが、その本選よりも、ここ小浜島では予選会が楽しい。

僕みたいに三線の弾き語りをする人、一人が三線、一人がボーカルのデュオスタイルの人たち、はたまたオリジナルの歌詞をアカペラで歌う人、などなど。

会場になる公民館には、いつの間にか島中の人が集まっている。会場に来られないお年寄りには、公民館の上に設置されている拡声スピーカーからも音が流れ、優しい月が輝く中、ワイワイと続いていく。

この島では、事前にエントリーした人全員が歌い終わっても、すぐに審査と、NHKのど自慢のようにはいかない。「飛び入りさせろ！」と、何人かのオジィやオバァが名乗りをあげ、十名くらいの飛び入りが続いて、参加賞の「米２kg」が足りなくなることもよくあるのだ。「つちださん、来年あたり出なさいね〜。やしが、プロが優勝できんと大変だハズよ〜」。ニヤリと笑うオバァに「ムムム」とはなりつつも、やっぱり見ている方が楽しいよな。

今年の「デンサー節大会小浜島予選」。まだ日程も決まってはないみたいだけど、ほのぼのしてて、いいよ〜。

一九九八年八月

もう一つの敬老祝賀会

九月十五日、島では公民館主催の敬老祝賀会が盛大に開催される。島の半分ぐらいが対象者なので、運営側も大変。新入りの七十歳は、自己紹介ならびに一芸を舞台で披露させられる。その様子はまるで入学式のようだ。

そして、小浜島では、もう一つ敬老祝賀会が行われる。はいむるぶし主催のご招待敬老祝賀会である。毎年十月吉日、もう二十年以上続いているらしい。そこの一角を借りて歌っている僕としてもとても嬉しい。

当日、公民館の前に大型バスが二台ならび、はいむるぶしまでの五分間のドライブ。そして昼食会。石垣島からやってきた民謡ショー。司会の僕の歌、はいむるぶしの群星エイサー隊など、昼食会というよりは大宴会となる。

面白いのは、公民館での会の時は、正装であるのに、はいむるぶしの時は、みんなエレガントな装いのところ。石垣島、いや、那覇に出かける時のオシャレ着とみえる。いつも顔をあわせているので、何か変で、司会の僕も初対面のような話をしているのがおかしい。島に住む大和人は、僕を含めて高温多湿を盾に、ルーズな服装に慣れ過ぎて、場所も考えず同じようなルーズな装いになりがちなので、少々反省させられた。

会の途中、突然民謡ショーで着替えの時間が五分間必要とのアクシデントがおきた。急遽、ハーモニカと歌で、「デンサー節」を歌う。終わると「シターイ」と大きな拍手。嬉しかった。会も終わり、見送りをしながら、やはりオバァに「イヤー、上等さー。プロみたいさー」と、今回も言われ、「ガクッ」となりはしたが、新北風《ミーニシ》がさわやかに吹く昼下がり、久しぶりに心から楽しめた、もう一つの敬老祝賀会であった。

一九九八年十一月

気象情報　〜台風バージョン〜

毎夕、NHKの気象情報をきっちりと見ることが、小浜島に住んでからの僕の習慣になっている。「んー、明日は風が上がるな！」とか、まるで海人のようなことをブツブツ言っている。夏、〝ひまわり〟の気象写真の下の方に、ちょこっとでも熱帯低気圧の雲の渦巻きを見つけると、ビクッとする。

島では、夏に北風が三日続くと台風が来るといわれている。フィリピンの東方海上に熱帯低気圧があり、北風が吹きはじめると、にわかに不安が襲う。でも、気象情報では、まったく気にかけてないかのように、全国の天気を告げている。これが、内地に向かおうものなら（八重山を基準に考えて）たいして大きくもない台風なのに、二日も前から台風情報が流れ、接近でもしようものなら、上陸が予想される場所がしきりに報道される。中心の東側と西側の風の強さの違いなどは余所におかれて、全国各地を結んで大々的な報道が続く。レポーターも岬や港の先端まで行って中継しながら、「私は今、猛烈な風の中に立っております。今にも飛ばされそうです！」。ならば、そんなところに立つな！　と突っ込みたくなる。

そんなこんな、過剰な報道を見ながら、ふっと、ある夏の大阪でのイベントを思い出す。八重山に大型台風が近づいていることを、島にいる家族から電話で聞き、大阪にいた僕は心配で、コンサート直前にテレビの気象情報の関西版を見ていた。キャスターは、「明日は、大阪地方そして全国的に穏やかな一日になるようです。心配されました台風○号は、日本への直接の影響はなく、今のところ台湾に向かっております」。「オイオイ、台湾のすぐ横に八重山があるんだぞ～！」と、再び突っ込みを入れたくなった。

その日、コンサートを大阪でやっている頃、島の我が家の庭に置いていた洗濯機は、どこかへ吹っ飛んで、未だに見つからない。

一九九七年八月

十五夜カラオケ大会

台風十八号の影響で、三日間船の欠航が続き、開催が心配されたが、今年も中秋の名月の夜、何故か会員に四十代がいる小浜青年会主催の十五夜カラオケ大会が、島の広場で行われた。合わせて、十三年ぶりという綱引き大会も、北部落、南部落に分かれて、島の中道で行われた。綱を作るのが大変だったらしいが、ちょうど台風で暇が出来て、当日に間に合ったそうだ。

夕方、非青年会員の僕は、出場するといってきかない娘のエントリー曲を告げに会場に行くと、いつの間にか音響係になっていて、それから四時間、人様の歌を聴くことになった。綱引きが終わり、出店も準備され、カラオケ大会がスタートした。まずは、昨年度の優勝者が、バリッと自信たっぷりに歌い上げ、そのまま審査員席に座った。敬老会長、公民館長、婦人会長、青年会長も、その席に並んで審査を開始。だが、まだ出場希望者が十人しかいない。そこで、司会者が「どうぞ歌ってくださいね。賞品もいっぱい用意してますから」と誘う。あっという間に二十人になって、今度は断るのが大変になってしまった。

意外と民謡は少なく、ポピュラー、演歌などが続々と熱唱される。エコーがきいてないとか、音が小さいとか、この僕へのクレームも続く。でも、青年会からの差し入れの生ビールとおつまみもあって、ニコニコしながら機械をいじっていた。

満月のあかりに包まれて、島の人のほとんどが参加して、約四時間後フィナーレを迎えた。片づけを始めようとする僕に「まだいいさ。これから青年会のカラオケ大会が始まるからよ」。時計の針は十一時。おそるべし、十五夜カラオケ大会。

一九九九年十月

島ぐるみ運動会

小浜小中学校主催の運動会は、五十名弱の子供たちが、運営、競技出場と精一杯やっても一時間しかもたないで、やはり島ぐるみで行われる。

前日の準備も、夕刻になってやっとＰＴＡのメンバーが少しずつ集まって、誰が指揮するわけでもなく、すすんでいく。

当日の朝、パンフレットによれば九時開会式となっているが、半分も集まっていない。ジワジワ満ち潮のように、島の人が集まり始めた頃、北一、北二、南一、南二、それぞれの旗の下に分かれて、開会式がスタートした。感心するのは、大人たちのスポーツウェアが、有名ブランド品だらけで、日頃運動不足の僕のデッキシューズとリゾート短パンはとても目立っていること。ちょっと恥ずかしい。

大人一人、四種目は出場しないとまわらない。「参加しただけで、一点になるからよー。出て下さいね」という声に、渋々かり出される。たまに休んでいると、我が北二分団のオジィやオバァの応援団は、「あいつはダメ」、「何やってるかー」と、めちゃくちゃ言っている。きっと僕も言いたい放題言われてるはずなぁと思う。

マイクを持つ女子中学生も、全員の顔と名前がわかっているから、「〇〇おばさんガンバレー」、「豪くんのお父さん（僕のこと）、ギターのようにうまくいかないようですねー」とか…、和気あいあいと進んでいく。

しかし、最後の職員対抗リレーは各チーム何故か目が血走る。こんな小さな島で、何故か十五チームぐらいの職員チームができている。もちろん僕も、我が大家、前本商店チームで毎年出場する。強敵は若さと数でくる、はいむるぶしA、B、C、Dチーム。本部席にある豪華優勝賞品にランナーは燃えるのだ。リボンで飾られロープでつながれた、丸まると太った山羊がそれである。

一九九七年十一月

イカ釣りの天国と地獄

秋の声をきくと、ボチボチかなぁと想う。イカ釣りの季節だ。

エビをかたどった、エギというルアーを海に投げ込み、後はただリールをギリギリと巻いてイカが飛びつくのを待つだけだ。台湾リールを腰のあたりで斜めに構え、額にタオル。キビ畑帰りの作業着のエリを立てて、サングラスにくわえ煙草で遠く水平線を見つめて釣っている姿が、夕暮れ迫る小浜の港で釣る島人のスタンダードな姿。

釣れても慌てず、まわりの人が「おーっ」とうらやましげな声を上げ、視線を感じてもさりげなく、しかし墨だけはかけられないように用心して、イカを巻き上げ、何でもないような顔をして、次のイカを目指して竿を投げる。これが最高。言葉に出来ない至上の喜びなのだ。

イカはそこにいなければ、当然絶対に釣れない。イカ釣り最盛期、島の午前中の話題は「昨日、〇〇浜で、タカシ（島で有名なイカ釣り名人）が、三杯上げたってよー」とか「月夜は、緑のエギがいいさー」とか…、イカのことばかりが話題になる。

イカの季節の後にオバァ達を虜にするムンツァンというタコ捕りの時分には、どこからかタコのおすそ分けが来るが、何故か、イカだけは回ってこない。イカを釣っても、釣れた場所を他人には言わない。言おうものなら、次の日には、島の男全員がその釣り場に集合して、大変なことになるのだ。

男は黙って釣り、釣れても一人で「クックックッ」と心で笑うだけ。女房、子供の喜ぶ顔、オリオンビールをやさしくつがれ、尊敬に似た家族のまなざしを感じながらイカの刺身を肴に過ごす。そんな一時間後の自分の姿に酔いしれるが、表面上はクールに釣りを続ける。おすそ分けなどないのである。男の勲章なのだ。

ただし釣れなかった夜の家族の視線には触れることができない。天国と地獄が表裏一体のイカ釣りなのである。

一九九七年十月

タコをとる女とイカが釣れない男

新北風がいつ吹いたかはわからないが、確かに秋の気配が島を包みはじめ、高い空でサシバは鳴き、リーフの波しぶきも少々力強くなってきた。やはり結願祭《きつがんさい》の頃が季節の変わり目かなと、また一人、詩人になって風の丘に立つ僕であるが、この季節といえば、イカ釣りなのだ。

しかし、今年はイカ釣り名人のタカシも不漁続きなのだそうだ。

そんな暗い話題をよそに、オバァたちの間では、ムンツァン（イイダコ）とりの話題が華やいでいて、潮が合う日は、みんな一日中ソワソワしている。浅瀬で巣穴から出てきたところをつかまえるのだ。

小浜島の主婦の社交場、前本スーパーに行くと、この時期、話題はムンツァン一色。「○○が、夕べよー、七十匹もとったってヨー」「アガァー、ウチなんかはよ、二十匹しかとれんかったさー」「モリはヨー、ステンレスのフォークが上等さねー」など、賑やかである。

とれたムンツァンは、ビニールパックに十匹ずつぐらい詰めて、冷凍庫で保存しておく。近所付き合いや急な来客をもてなす時、自分でとったという誇らしさをさりげなく見せる喜びがあるらしい。ライバルも沢山いるようで、女性たちは、皆妙に元気だ。それに比べ、イカの釣れない男どもは、結願も終われば急にヒマになり、ただ、「グシ・ヌミティ」（酒を飲む）しかない。

いつだったか、平田大一の父、清氏と飲んでいて、夜十二時を回ったのでボチボチ帰ろうとしていると、母信子さんが、ムンツァンとりに近所の人たちと出かけるところであった。大一が送りに行くらしく、ライトバンには、五、六人乗っていた。海に着いた大一は言われたらしい。「迎えは五時ね～」。その話を聞いて、島の女性のパワーにおじけづいてしまった。

一九九八年十二月

ムンツァン獲り、再び

随分前のことだが、このコーナーで、ムンツァンと呼ばれるイイダコの記事を書いた。今回は、自分で確かめよう、そして映像に残そうと十一月の満月の夜、デジタルビデオを携えて浜へ行った。もちろん干潮の夜中一時。

浜に着くとキビ刈りスタイルの長靴を履き頬かぶりをした完全防備のオバァ達が二十名ほど。人工の光のない浜に、首にかけた電燈が鮮明に輝いてきれいだ。案内役は五十歳には見える同級生の大久隆三くん。照明係はその長男の大久竜也くん。両手に電燈を持って付き合ってくれた。いたいた。海藻のフリをしてジーッとしたムンツァン。固く触手を結んで愛を語り合っているアベックの二匹。中には三角関係もあるという。本気でベターッと眠っているやつ。人に気づいてヒューッと泳いで逃げるやつ。色々である。

結局、一時間で二十匹も獲れた。隆三くんを見る目が、明日から変わりそうだ。「そこに居るサー」と、言われない限り、素人には何も見えないのだ。沖へ沖へと歩いていく電燈。浜近くを歩く電燈。それぞれエリアがあって、ぶつかることなく黙々とオバァたちも頑張っている。約三時間後、皆家へ戻る。そして次の日の午前中には前本商店で収獲量の自己申告が始まる。意外と「ウソ」は言わないようだ。「へー」、「あがやー」と、ムンツァンの話ばかりである。

おばあたちは、贈答用や家族のためにアルミの容器を買い込んでいる。一月九日、そんな島のムンツァン料理が琉球放送テレビの「オキナワン情報コンビニ」という番組で放送される予定である。夜のムンツァン獲りが画面に映ったら、夜のオリオンビールを我慢して頑張った三人の男が居たことを忘れないで欲しいものである。

それにしても、一回やるとクセになるムンツァン獲りである。

一九九九年十二月

結願祭《きつがんさい》

十月二十四日から二十六日の三日間、今年も小浜島の結願祭が行われた。特に二十五日は、朝から北部落、南部落が一緒になり御高（みたけ）での奉納芸能が夕方まで続いた。あのヒット曲「ミルクムナリ」もその中の口説の一つである。

沢山の島の関係者、マスコミ各社が集まる中、盛大に進む。毎年思うのだが、セミの鳴き声がすごい。最後の夏を惜しむかのように、ギャシャ、ギャシャシャと鳴いている。

みんなで作った特設舞台のまわりを、島の長老たちから順に陣取ってみるスタイル。驚くことに禿げ頭の人が少ない。みーんな真っ白な髪ばかりで、さとうきびの花が咲いたようだ。

次々に奉納される踊り。自分の番がきて立ち上がろうとして、正座で足がしびれてそのままひっくり返る小学生。終日、笑いと拍手とセミの鳴き声が聞こえ、お弁当の匂いが漂う。

ミルクと福禄寿の面をかぶった、サウナ状態の二人。裏方で着付けや化粧に慌ただしいオバァたち。踊りの批評に花咲かす見物の人たち。それぞれが重要な出演者であり、スタッフとなるみんなの祭り。楽しいのである。最近は、無理矢理祭りを観光の起爆剤にしようとするケースが多くあるけれど、主催する人たちの笑顔が薄っぺらに感じることが多い。

この小浜島の結願祭は、誰が見にこようとも気にせず、好きでやってるというところが素敵だ。この祭りは最初からそんな心があったから、こんな風に続いているのだなぁ。前日までの踊りの練習の時、師匠が沢山いて、それぞれちょっと型が違う。初参加者は、人間関係とか上下関係を意識して、自分で考えて舞台で踊る、クリエイティブな祭りでもあるわけ。

一度、おこし下さい。きっと笑顔になれますよ。

一九九七年十二月

十二月の風景

小浜島の十二月はキビの花がその象徴かな。島一面のキビ畑に花が咲いてる。少し紫がかった銀色のキラキラした花。収穫の証し。島で一番手入れの悪い僕の畑のキビも少し遅れたが咲いた。凄く嬉しい。何度も台風にいじめられて地面を這うように曲げられながらも先っちょは、しっかり天を向いて頑張って育ってきてくれた。「ほっとけ」と、オジィが言ってたのを思い出す。人が変に手を加えなくてもキビは自分で育つ。厳しい環境でも勝手に頑張る。ボクよりも根性があるなぁとつくづく思える。

小浜島は「ちゅらさん」で大変でしょうとよく尋ねられるが、「ちゅらさん」を商売にする発想も無かったから特別大変ではないですね。「ちゅらさん」観光は旅の人が歩きながら時々、道を尋ねながら自由にしてるしね。

世の中、師走という事でクリスマスソングのシャワーに追われ、何となく先生も生徒も走ってるようですが、小浜島には、それがない。全くない。それが何とも嬉しいです。はいむるぶしはホテルだからそれなりにBGM等でクリスマスソングを流していたのだが、わざわざ内地から来たお客さんにここでもクリスマスソングを聴かせるのは可哀想でしょうと提案して3年前からは普通の曲にしている。クリスマスツリーも止めた。だから口コミでこの時期に来るリピーターも多いな。

「静けさ」　それが小浜島の十二月かなぁ。歳暮南風（シーブバイ）という昔、波照間から石垣に歳暮を届ける時に利用した南風の時期でもあるから天気の安定している日も多い。ただオバァたちは大潮になると静かではないよ。「ムンツァン」という蛸取りの季節でもあるから、元気。なんか恋人に会いに行くような空気が彼女らにはある。夜中の一時ぐらいから四時ぐらいまで浅くなった海に入り懐中電灯ぶら下げてひたすら海面覗きムンツァンを探してる。朝の話題はムンツァン一色。ワイワイ話しが弾む。元気な笑い声が聞こえてくる。

小浜島の十二月。静かに時が流れます。ただパソコン使いこなせない僕は必死に手書きの年賀状書きに今年も一人、追われているけどね。

二〇〇一年十二月

第二章　島暮らし

大仲のあさい

十二年前、島に暮らそうと決めたのは良いけれど、「ヤー」（家）がない。空家でもトートーメー（仏壇）があったり、雨漏りがひどかったりｅｔｃ…。「ヤー」がない。コンテナに詰め込んだ家具ももうすぐ石垣に届くだろうし、どうしよう。しょうがなく、石垣島の友人宅へ転がり込んだ。約二週間居候して、もう、石垣島の家を借りて、小浜島に通うかぁーと考え始めていた時、「音」に気づいた。パトカー、消防車、二、三台でしか活動してなさそうだが、暴走族の爆音、商店街の雑踏の音。石垣島は街の音がする、今まで住んでた熊本の街の音と同じ。こんな音じゃない。島の静けさが好きで引っ越して来た筈だ。

もう一回、小浜の「ヤー」を探そうとなった。必死になって「ヤー」探してる僕を見かねて、島のオジィが、紹介してくれた、最後の望みの「ヤー」。それが「大仲のあさい」。昔ながらの赤瓦の屋敷の横にある、日本的に言えば、納屋の様な小さな離れの家。小浜島では、老人居室としての意味をもち、あさいと呼ぶ。トタン屋根、２Ｋ、玄関なし…。贅沢はいえない。お借りする事になった。

母屋には、大仲ヒデ（八十四歳）ばーちゃんが一人で住んでいる。このばーちゃんのやさしさが十二年間も島に暮らすきっかけだったなぁー、と今想ってもいる。「夏はトタンは暑いからよう、ウチにいらっしゃいねー。庭？　あんたたちの好きな様に使っていいサー。そこの畑（庭にある家庭菜園）はよう、ネギ植えたら、上等よー。大野さん」。僕の住む前に住んでた大野さんが余程、良い人だったのか、つちださんと間違えなくなるのに半年はかかったが、やさしいばーちゃん。

いつもポークランチョン ミートの缶詰や何故か栄養ドリンクの差し入れを続けてくれてもいた。縁側で毎日の様にお茶を飲みながら、昔話、戦争の話、島の話など色々語ってくれた。その人柄ゆえ、友達も多く、朝六時には縁側には誰かが来ていて、ユンタク（茶飲み話）が始まっている。小浜島では一人暮らしの老人には、朝起きたら、必ず戸を開けるようにお願いしている。元気だよーと周りに伝えるために。そんな事もあり、みんなが戸の開いたばーちゃんを訪ねるのである。ただ、年寄りは耳が弱くなってるから、隣りに住む僕に気を使い、小声で喋っているが、やはり声が大きくなる。朝六時起床のミュージシャンとなった。

最初は小浜島語ゆえ、何言ってるか全然解らなかったが、二年目ぐらいには、意味が解り、フトンの中で笑っていた。三年目には、僕もユンタク仲間になってしまっていた。そんなばーちゃんにも困った面もあった。住み始めた頃、自分の若い頃のもう、セピア色に変わってしまった古い写真を僕に見せて、「ウチはよー、昔はこれでも、小浜小町って言われてたサー」と見せられたので、つい、「いやー、ばーちゃん。今も あまりかわらないねー」と言ってしまって以来、毎朝その写真を同じ文句で僕に見 せるところぐらいかなぁー。

びっくりしたのは、「怖い物はある？」と訊くと、「お化け」なのだそうだ。「見たことあるの？」と訊くと「一回もないサー」との答え。八十歳過ぎてもまだ見てないなら、もう大丈夫だよと慰めたら、本気で納得した表情がとても可愛い、ムギュってしたくなるばーちゃんだった。

家族も増え、あさいでは狭すぎて、今は他の「ヤー」に移り住んでいる僕。九十歳を越えての島での一人暮らしも無理があり、僕が出た後、間もなくばーちゃんも石垣島の家族のもとに行ってしまった。月日が流れ、大仲の家の前を通るたび、誰もいない縁側にばーちゃんやユンタク仲間の懐かしい笑い声が聞こえてくる。

あさいには、新しく島に住む人の笑い声が響いてる。大仲のあさいでのばーちゃんとの日々は、今度は僕のこころの中で、ほわーとしたまま、セピア色になっても、生き続けるのだろうなぁー。

ひでばーちゃん。シカットカラ、ミーハイユー。

インターネットウルマに掲載

公民館放送

島に移住した日。ヒデばぁーちゃんに色々世話になり、夜には引越しの荷物も片付きオリオンビールをぐびぃーっと。夜九時も過ぎれば、コウモリの羽音とやもりの鳴き声しか聞こえずちょっと物悲しくもあったが、空には満天の星。「とうとう来たな～」と、感無量で、いつの間にか三個目のビールが右手にあった。満足して初夜？ の寝床に入った。数時間後の思いもよらないパニックを、その時は知る由もなく…。

夜明けと同時に、家の向かいにある島の中枢、公民館の屋根に取り付けられた八方に向けられた拡声スピーカーが大音響を奏で始めた。「同じ仲間だ 輪を作ろう～老人クラブはみんなのクラブ～…」と曲が流れ、だんだんフェイドアウトして、「おはようございます。老人クラブの皆様に申し上げます。本日午前七時よりゲートボール場の草刈を…」などと、マイクを手に直立不動で公民館の壁に向かい、原稿を緊張しながら読み上げている姿が目に浮かぶ様な老人クラブ会長の大きな声が島中に響き渡っている。初体験の僕はその音の地響きで目がさめ、何がなにやら全く理解が出来ずびっくりして、家から飛び出した。話し終えると、またさっきの曲が流れフェイドアウトして「バッン」と音がし、動力音が無くなり何も無かったかのように、鳥の鳴き声だけが聞こえる静けさがあたりを包んだが、僕の心臓のバクバクいう音だけが自分には聞こえていた。

小浜島では公民館放送で島の人達に伝言する様になっていて、特に朝早くそして一番音の大きい大御所「老人クラブ」の放送を島で迎えた初めての朝にそれも公民館に一番近い家で、体験した訳である。

老人クラブの他に「婦人会」「公民館役員」「製糖工場」などのバージョンがあり、驚く事にそれぞれテーマソングを有していた。「明日もかなぁ～」と不安になっていたがない。不思議と忘れた頃にやって来る。気を抜いて口開けて寝てる時が多い。まるで見透かされてるように。

色々聞いていたが、やはり老人クラブの放送の音の大きさ、感情表現、力強さは、他の比ではなかった。これとは別に竹富町の別回線の放送もあるが、なんと朝の曲は「ＴＯＯ　ＬＯＶＥ　ＡＧＡＩＮ～愛情物語のテーマ～」なんだよ。時々朝八時前に老人クラブ会長の熱弁が始まっていると、それとは無関係に流れ出す町の朝のテーマソング。優劣の競い合いが始まるが、結局会長が譲る事になる。町の放送が終わると咳払いが聞こえ、最初からまた全文を読み返す会長の声が響く。譲った分さっきよりも一段と大きな声となって。

民放がやってきた

民放のテレビが小浜島でも受信できるようになって、早いもので三年になる。当時はＵＨＦアンテナの取り付け工事が、島のあちこちで始まり、ワクワクドキドキで放送開始を待った。

世の中の「今」を表現するコマーシャル。主観がたっぷりのニュースのアナウンサーなどを見た瞬間の感動は予想以上。その一方で、島の風景とのミスマッチに、頭が混乱したものだ。

それまで、内地の友人が時々送ってくれていた民放の番組のビデオを、よその国のことのように、無責任に眺めていたから、何かを突き付けられた感じで、少々怖い気がした。

今では映って当然の民放テレビ。その動きと音の激しさに、僕は少々疲れてきた。「ミョンドン、ミョンドン、焼肉ミョンドン…」と歌いながら登校する小学生。昨夜のドラマの批評会に忙しい主婦たち。以前は島のあちこちで、ぶがりのうし（お疲れなおし）の宴会が毎晩のように開かれていたのだが、最近は、テレビを見ながらの家族団欒化が進み、島の生活の風景もだんだん変わってきた。「これは、良い流れといえないのではなかろうか」と、一人想いにふけっていたある日。近所のオバァが、笑いながらテレビに熱中していたものだから、「オバァ、民放がそんなに楽しいか～？　うるさくないね～？」と、嫌味たっぷりに言ってしまった。オバァは僕を睨み付け「あんた、何を言うか！　民放はタダだよ！」と一言。瞬間、僕は目が覚めて、さっきまでの想いも吹き飛んでしまった。タダだったんだ。

三年前、アンテナ工事の人に、ＮＨＫしか知らないオバァ達は、口々に尋ねたらしい。「民放の受信料はいくらかねぇ～？」と。

一九九七年五月

三拝云《ミーハイユー》

三拝云！　小浜島の言葉でありがとう。三回拝んで、お礼申し上げるとでもいった意味。綺麗な言葉だと思う。ところが、十四キロしか離れていない石垣島では二拝云（ニーファイユー）と言うらしい。

石垣島の友人たちは、すぐ会話の中で、小浜島のことを「離島」と言う。島で生まれたわけではないけど、カチンとくる。だから言ってやるのだ。石垣島の人も、小浜島の人も一緒にして、沖縄本島では何と呼ぶか知ってるか？「先島の人」と呼ぶんだぞ。内地の人は屋久島から台湾まで連なる沢山の島に住む人を、まとめて「南西諸島の人」と呼ぶんだぞ。「少ししか離れていない隣人の小浜島を離島というのはおかしくはないか？」と。相手は「だから何？」という顔で、暖簾に腕押し状態。大昔、三拝云と三回拝んで礼を言った人と、二回で済んだ人との差のようにも感じる。

「離島」という言葉に一人盛り上がり、「離島」の文字と戦う決心をした僕は、筆で訴えるべく、石垣島の文具店でペンを買い込み、「小浜行き」の船に乗り、「さあ、島に帰って書きまくるぞ～」と、ギラギラした目で、船窓から外を見た瞬間、その勢いはあっけなく崩れた。表示板には「離島総合桟橋」の文字。看板にまで書かれているとは…。

想えば、石垣島の人は、品物を買えば、船まで届けてくれる。小浜島から品物を送れば、船まで取りに来てくれる。船の便の時間に合わせて、色々と便宜をはかってくれるのだ。随分世話になっている。

いつも三拝云。

一九九七年五月

トロピカルクイーン

石垣島以外の小さな島々の人々。言い換えれば、竹富町民にとって、トロピカルクイーンは、八重山観光フェリーの定期船名とすぐにわかる。

初めて小浜島に渡った十数年前は、トロピカルクイーンが就航して間もない頃だった。乗船した時には、「なんてピカピカで大きくてお洒落な船なんだろう。名前もいいし、とっても高速だ～」と、感動したものだ。

月日は流れて、現在の主流の船は、時速七十キロぐらいは出る、メチャメチャ早い流線型の、その名もサザンクロス1～8号。石垣～小浜間を三十分もかからずに走り抜ける。そんな最新鋭船に、あっという間に追いこされ、まるで「うさぎとかめ」的存在になってしまったトロピカルクイーン。最近では乗客からも、「あ～あ、時間がかかるさ～。暑いしよ～（クーラーの故障も多い）」と、十年前には考えられなかった批判を浴びながら、海を渡る。

八重山もデジタルな時代の足早な流れに包まれて、どんどん新しいモノや考えに押され始めた気がする。だから、「トロピカルクイーンおばあさん」を少々かばいたくもなるのだ。

ゆっくりだから、波のゆりかごみたいで、口をあけて熟睡できるし（これは経験するとクセになる）大きいから、船首から船尾まで、子供達も気晴らしに散歩できる。クーラーがきかなくても、ちょっと我慢してデッキに出れば、海を渡る風の気持ちよさがわかる。港に集まる車も、遅刻気味なのを知ってるから、ゆっくりとやってくる。交通安全にも役立っている、と言いたい。

早さを競うより、ゆっくりを追求する方が、これからの時代にピッタリのような気がする。毎日秒刻みの生活に疲れてやってくる観光の人達の、やすらぎにもなるのではないだろうか。

トロピカルクイーンよ。追い抜かれても気にするな。今のまんまでいいよ。ゆっくり渡ってくれよ～。

一九九七年六月

シュガーロード

小浜島にはシュガーロードというまっすぐな一キロの道があります。道の両サイドがさとうきび畑だから、いつの頃からかそう呼ばれているそうです。

はいむるぶしでリゾートしてる気分を想像してみてください。まず、はいむるぶしを出て、えくぼの小径（凸凹の道）を抜け、海の見える丘に出ます。そこがシュガーロードの出発点です。この風景には、レンタル自転車が似合います。最初は下り坂なので、「ヤッホー！」と気分は最高です。ところが、残り五〇〇メートルは、ダラダラと上り坂が続きます。一〇〇メートルもこぐとクタクタです。さっきまでの元気はまったく消えてしまいます。それでも、日影がないから必死でこぎます。一ついいところをあげるなら、風の詩が聞こえることでしょうか。

やがて、坂の七合目のあたりに、唯一の自然のパラソルがあります。昔、じいさんばあさんがアイビキに使ったらしい、由緒正しい（？）大きな一本松です。さすがにへばって、その木陰で休憩。でも、まわりの牧場の牛や馬が、こっちを見て「フン、軟弱者め！」という無口な視線を投げかけてくるので、すぐにまた自転車をこぎだします。集落の入口に着いたらすぐに右折。三十メートルほど先に島で唯一の喫茶店「ヤシの木」があるので、冷たいドリンクでも飲んでひと休みしましょう。

「ヤシの木」の倉田夫妻は、二十年も前から島に住む島大和人で、画家でもあり、私のCDのイラストも手がけてくれています。

ここで、オリジナルの絵葉書などをゆっくりと見たら、島の最高峰、大岳を目指します。海抜九十九メートルの展望台からは、八重山の島々のすべてが見渡せて感動するはずです。そして、頑張ったあなたのために特典があります。十年ほど前に誰かが壊した有料望遠鏡。どこの管轄かはわかりませんが、修理されていないので、タダで見ることができるのです。

さぁ、あなたも一度自転車をこいで、シュガーロードを走ってみませんか。

一九九七年六月

スラブ家

近年、新築途中の家を見ると、ほとんどがコンクリート住宅（スラブ家）になっている。小浜島でも例外ではないが、ご先祖様への想いを見透かすかのように申し訳ない感じで、コンクリートの屋根の上に、小さいながらも、赤瓦の屋根をつけている家も多い。

大体、台風がすごすぎるから、まだ島に土地を持たない僕でさえ、建てるんだったらスラブ家と決めてしまいたくなる。ただスラブ家は、赤瓦の家に比べて、日中の熱が溜まりやすく、熱帯夜には不合理であるらしい。クーラーが必需品なのである。窓を開けて寝る家がだんだん減ってきている現代ゆえ、しょうがないのかも。

さて、昔々、ある赤瓦家の家主が、台所の傷みがひどいので、そこをスラブ家に改修した。その後、大きな台風が来て住宅を中心に大きな被害が出た時も、そこだけはビクともしなかったことを、小浜中の人に知らせた。その話を聞いて、スラブ家に憧れた島人たちは、次々に改修を始め、今風なスラブ家が沢山できた。かと思いきや、何故か台所の部分だけスラブ家にした家ばかりが次々と誕生した。コスト面など色々事情はあったと思うのだが…。

ただ、今も感動するのは、島の人は専門家でもないのに、親戚などで集まって、あっという間に家を建てること。そんな様子を見た僕も、これまで何もしたことがないのに、ちょっとした家具なら自分で作れるようになっている。最近では、セミプロまがいに石垣島のメイクマンの大工用具コーナーに、出かけるようになってしまった。

一九九七年七月

ぶがりのうし

島の夜は静かだ。こうもりが、時折、バタバタと福木の枝から枝へ渡り、キャキャキャとヤモリがどこかで鳴いている。満天の星を見ながら、ビールをベランダで飲んでいると、どこからかワイイワイガヤガヤ、ぶがりのうしの賑わいが聴こえてきた。

ぶがりのうしは、お疲れなおしという意味だが、とにかく楽しそうだ。みーんな笑っている。

何か集まりごとがあった後、必ずぶらりのうしが開かれる。当たり前なのである。島での正しいぶがりのうしの風景とは、芝生の上に円形に陣取った十人内外がいて、無理矢理巻き込まれた若い女性（若くなくてもよい）が作り笑いでそこにいる。始まるのは午後六時くらいだが、絵になるのは、夜十時頃。男性のほとんどは、奉仕作業をした後であれば、そのままの格好。牧場帰りの参加者もそのままの格好。頭には町民運動会で手に入れた、白タオルがキリッと巻かれている。夜なのに、サングラスを外さないのがニクイ。コップは強く握るとこぼれてしまうビニールの透明なやつ。つまみは季節にもよるが、参加者の中の誰かが釣って来た海の幸。イカやサヨリなどが無造作に紙皿にのっている。

みんなニコニコで話していると、急に誰かが咳払いして立ち上がり「えーそれでは、本日の…」と、口上がユーモアを交えて勝手に始まる。最後に「乾杯！」と言うと、皆「シターイ！

（いいぞ〜）」と、応える。それから何故か右回りに次々とあいさつが続く。そして、全員があいさつを終えると、また前のようにニコニコガヤガヤと宴が続く。切り替えが難しいが、何度参加しても楽しいものである。

今晩も蚊に食われながら、参加しようっと。今日は、ＰＴＡの校庭草刈の日なのだ。

一九九七年七月

トタン屋根

八年前、小浜島に移り住むことになった時、とりあえず、はいむるぶしの総務担当の人に「赤瓦屋根の家で、できればサッシの窓と網戸も新品の家を探しておいて下さい」と、お願いした。その後慌ただしく小浜にやってきたら、総務の人は「そんな家があったら、僕が借りてるよ」と、剣もホロロ。結局、自分で探すことになった。空き家はあるけど、なかなか借家として認めてもらえず、見かねたオジィから「ここだったらどうか？」と、トタン屋根の家を紹介された。

赤瓦屋根の家に住むオバァ、その敷地内の東向きに建っている元納屋（島ではアサイという）。トタン葺きを見た瞬間、なかったことにしてもらおうと思ったが、九州からはもうすぐ家財道具も着くし、他にめぼしい物件もなく、借りることになった。

大家のオバァは、「庭も好きに使えばいいさぁ。畑はネギ植えたら上等よー」と言ってくれる優しい人。欠点は、毎朝若い頃のセピア色した自分の写真を新鮮な顔で、「ウチはよー、昔はこれでも小浜小町って言われてたサー」と、無理矢理僕に差し出すこと。毎朝、初めて見たという顔をして「へー、きれいだねー」と言わないといけないところぐらい。

トタン屋根はすごい。朝八時、室内温度は三十三度。汗だくで目が覚める。日中は熱気でクーラーもきかず、オバァの赤瓦屋根に避難して、毎日そうめんばかり食べていた。夜は十時頃にクーラーがききはじめ、やっと涼しい室内になる。ぐっすり眠りについた頃、夜雨（ゆあみ）が襲うと、バタバタと天井が落ちてきそうなほどの、トタンを叩く雨音にすっかり起こされる。またウトウトして、朝、今度はカラスが屋根を歩く音のけたたましさにまた目が覚める。

そんな具合で半年ほどは熟睡できなかったが、長所もあった。雨の到来が、どこよりも早く察知できるのだ。洗濯物が取り込めるし、「あんたトタン家で頑張ってエライさー」と、オバァ達が同情してくれて、サータアンダギーやポークランチョンミートが毎夕届けられることかな。

一九九七年十月

八重山土産、沖縄土産

内地でのコンサートや、最近何故か多い講演会の仕事へ出かける時、古風な僕は、必ずお土産を持っていく。何カ所も巡る時は、その数もすごいものになる。先方さんも「イヤイヤ、南国の香りがしますね。ありがとうございます」となる。

ところが、沖縄本島でのイベントの時が困る。空港や石垣の土産品店で、あれやこれやと悩むことになる。本島にもほぼ同じものが揃っているからだ。長寿そばセットかなと手にとるものの、本島、宮古、八重山と麺の種類、だしの微妙な差があり、それぞれ、我がそばが最高だと無意識に思っているところがあるから土産にできないし…。そんなことを考え悩んでいると、空港の売店で、ある菓子土産を沢山買い込んでいる人がいた。よく見ると平田大一。小浜の詩人、隣人である。「本島への土産は悩みますよね。僕なんかタラシ揚げやカマボコと、ずっと決めてましたけど、最近は遊び心も入れてコレです」と、差し出したのは、「石垣島へ行ってきました」というクッキー。箱いっぱいに書かれたそのタイトルを筆で書き替えて「石垣島からやってきました」というオリジナルブランド名に変えてある。以来、時々この手を借用するようになった。

さて、那覇から帰る時も同じように土産に困る。石垣島になく那覇にあるもの…。最近は、那覇の街の香りのするものが好評で、ダンキンドーナッツ、ジミーのケーキ、マクドナルド、ロッテリアなどのファーストフードに手が伸びる。意外なところでリウボウのカタログを喜ぶ人もいる。仕事や里帰りで八重山に来る本島のみなさん、案外身近なそんなものを喜ぶ人が多いのですよ。

それと、ちんすこうなどの土産品は、裏側の発売元を見て、沖縄のメーカーのものを確認して買いましょう。実は内地で作られているものがとっても多いんです。沖縄にお金が落ちないので、ご参考までに。

一九九七年十月

携帯電話

島で携帯電話がスタートして一年になる。石垣島の電波のおこぼれをもらい、石垣島の見える東側でしか通じなかったが、今年（一九九八年）一月に西表島東部にもアンテナが立ち、どうにか島全体で受信できるようになった。

僕も音楽の旅をすることが多いので、家人から持たされた携帯電話。何かしばられているような気がして、持ち歩くたびに疲れてしまう。今使っている機種は、N3というタイプだが、最近、島の人達が購入したのは、重量九十グラムの最新型。一年前に買った、僕の大きくて重い携帯電話を見て、「いや~化石のような携帯だな~」と言う。僕は「そんなに軽かったら、落としてもわからないぞ~」と、言い返す。

さて、二月二十二日、朝から突然一般の電話が通じなくなった。FAXを三件待っていた僕も、来ないなぁと思っていたら、防災無線が流れ出した。「小浜、竹富、西表にて、海底ケーブルの切断のため、電話の使用ができません。復旧には二日程かかる模様です」。「エ~ッ」と騒いでいるのは、島で商売をしている人、内地人、はいむるぶしの職員などなど。島のおばぁたちは、「直るならいいさぁ~」と言って落ち着いている。ある友人は「『ただ今、かかりにくくなっております。のち程おかけ直しください』って言ってるぞ~。地震が起きたのかと思って、すぐに携帯にかけたんだ」と、いつもはかけない携帯にかけてきた。もちろん、西表のアンテナも不通ゆえ、石垣のおこぼれ電波をもらっての話である。そんなこんなで、僕の携帯電話も、連絡の必要な人に貸してあげた。二日後、一般電話が元通りにかかるようになった。その間、京都に出かけていた僕は、内地で沢山の電話器や携帯電話を見て、「これ全部切れたら、どうなるんだろう」と考えていた。島の電話の不通が報道されるわけもなく、台風の報道と同じよう。どこか余所の国のように扱われる八重山の現状を思いながら、「一回切れてしまえばいいのに」などと一人ブツブツ言っていた。携帯は島ほど必要なのかもしれないなぁ。

一九九八年三月

シカへの買い出し

小浜島にも、「スーパー」と、コンクリート壁に書かれた日用雑貨店がある。実際、その店がないと島の生活は、大変難儀なことになる。でも、コマーシャルなどで、島に住む我々の物への感覚も内地化しつつあって、よりよい物を探しに、石垣島へ買い出しに出かける。

いつもは、スリッパのこの僕が、キリッと外出着になっている朝は、オバァたちも、「シカ（石垣島のこと）にが、行くかー？」と、おはようの代わりに声をかけてくる。

港に着くと、石垣島から着いた船から、仕事、観光、法事などの人たちが出てくる。そして、最後に、八重山一の大歓楽街、美崎町で朝まで楽しんだと思われる島人が、腫れた顔で、視線を避けるように降りてくる（月一回は、僕も同じことをしてるので、他人ごとではないのだけど）。

折り返して石垣島に向かう船に乗船すると、オバァや主婦たちで船内は和やかである。約三十分で石垣港に着き、皆バラバラになるが、十分後、銀行で再会する。行き先も大差ないのだ。買った物を船まで届けてくれる店も限られているから、そこでまた再会。石垣に来た時ぐらいは上等な食事を！と、少々財布の紐も緩むので、高級店（？）に入ってみると、そこでまた再会。人、街、車に疲れはてて、帰りの船に乗り込むと、また顔をあわせる。石垣島の滞在時間もあまり変わらないのだ。

朝、小浜島を出発した時のような和やかな笑顔はなく、話をする人も少ない。「アイ、つちださん、今から帰る?」と、すでに乗船しているのだが、ちょっと不思議な挨拶を「ハイ」と受け止める。「シカはよー、疲れるさー。人が多いからよー」というオバァの一言に、皆ウムウムとうなずいてしまう。そして、小浜までの三十分、深い眠りに入るその座席の横には、同じ店名のビニール袋と、モスバーガーやケンタッキーフライドチキンの袋がある。お土産も同じなのである。

一九九八年四月

郵便局

小浜集落のほぼ中央に、小浜郵便局がある。東京あたりでは、民営化のどうのこうのと何やら騒いでいるようだが、島にとって郵便局ほど必要なところはない。八重山でも新城のように、人がほとんど住んでいない島は別として、多くの島々に、それぞれ郵便局がある。

燈台下暗しだが、実はとっても有り難い存在だと思っている。手紙や小包を届けてくれるだけでなく、唯一の金融機関として島の経済の中枢でもあるのだ。年金の受け取り方法もよくわからないようなバァちゃんたちに、時間をかけてちゃんと教えてくれている。親しい人が局内の長椅子に座っていれば、用はないけど入ってきて、ユンタクしている。ゆったりとした局内では、急ぎの用の人もあきらめるしかないような雰囲気だ。

そんな局員も、月曜日の朝は緊張している。土・日二日間の郵便物の処理に追われるからである。最大でも五人ほどしか入れない局内ロビーが、ごったがえすのだ。さらに、朝のピーク後にやってくる人物。午前十一時の男、つちだきくおが、一週間分の沢山のファンレター（五十代以上の女性が圧倒的ですが…）の返事や、小包などを山ほど抱えて「オッハヨー」と、局へ乱入するからだ。「これCDだからワレモノシール貼ってね。あっ、これ定型外扱いが得かなぁ、でも、やっぱり『ゆうパック』にしてね…」などといちいちうるさい。でもイヤな顔もせず、頑張ってくれる。きっと大変だはず。

局長さんも風船配ったり、黒砂糖を差し出したりと、細やかなサービスに余念がない。島らしいなぁと思うのは、「〇〇万円以上引き出す時は、前もって言ってくださいね～」という言葉。島の郵便局は、いつもほのぼのなのです。

一九九八年六月

少年野球チーム誕生

校門の左側に小浜中学校、右側に小浜小学校と表札の入った小浜小中学校。全員で四十名しかいないが、教職員は十八名。「へー恵まれてますねー」と言われる割りには、複式が二クラスもある。

島出身の教頭先生は「どんどん子供が減っていて、中体連などの団体競技にも、ここ二、三年で出場できなくなるさー」と、嘆いている。彼は今、中学生ほぼ全員に軟式テニスを教えていて、八重山地区で優勝するまでに育て上げた。

そんな姿を見て、父兄が中心となって、小学生対象の少年野球チームを作ろうという動きがでて、あっという間にチームが発足した。

みんな、とにかく野球が好きなのだ。青年会を中心に、年一回の郡民大会へ、朝一番の船に、どこに隠しもっていたのか揃いのユニフォーム姿で、ニコニコしながら乗船していく。前夜の酒も断ち、会場となる石垣島へ。はいむるぶしの職員、学校の先生、医師、そして島人のチャンプルー軍団ではあるが、結構いいところまで行く。そして、石垣島発最終便の後部デッキで、結果に関係なく「乾杯」。島に戻ってからも校庭で「乾杯」のメンバーたち。

そんな人達のジュニアだから、やはり野球大好き。毎週火曜、金曜の夕方に二時間の練習をしている。グローブもまだ半分しかなく、メンバーの半分は女の子という可愛いチームだ。発足して一カ月。ベースの寄贈もあり、少しは絵になりつつある。

何と言っても素晴らしいのが、チームの父母会副会長が、いつの間にか私になっていたことと、監督が伊波正行さん、小浜駐在、その人になっていること。赴任してきたばかりなのに、すっかり子供たちにとっては身近なおまわりさんとして頑張っている。

さぁ、十八名の少年野球チーム。チーム名もまだないけど、どう育つかな。どんな色の花咲かすかな、ボール拾いの手伝いをしながら、少し嬉しくなっている僕です。

一九九八年七月

軽トラック借りて

「島に絶対に必要なものは」と、ふと考えるに、水道、電気、ガスは置いといて、やはり車かなと思う。中には、「ヤシの木」（島の喫茶店）のご主人のように、自転車しか乗らない正しい人たちもいるが、やはり車かなぁ。島の家々には、必ずと言っていいほど、軽トラックがある。多くが4WDで、農耕用が主な役目ではあるが、ゴミ捨て、港での大型の荷物の積み降ろし、孫を乗せるため、島で大活躍だ。

はいむるぶしに滞在しているビジターを、連日洗脳するかのように、小浜集落へ行って、島人の暮らし、空気、人との出逢いをするべきだと訴え続けている僕。先日、オジィの軽トラックを借りて、時速十五キロで、島内をドライブしているカップルを見かけた時は、とっても嬉しかった。荷台には麦わら帽子の女性、オジィに教わったと思われるタオルを頭に巻いた男性が、口笛を吹いてハンドルを握り、通り過ぎて行った時、「こいつは正しい!」と、一人感動してしまった。三枚目のアルバムに収録する予定の「軽トラック借りて」という曲は、そんな背景から生まれた。

キビ畑には、日除けのパラソル、そして軽トラックのそばに、無口に汗を流すオジィの姿がある。オジィに一声かけてみようと、僕のアイデアを実行した二人組の女性がいた。オジィは、「まだ少し早いけど」と言って、彼女たちにキビを切って差し出したそうだ。「あま〜い」と、二人がニコニコかじって歩いていると、別の軽トラックからオジィが声をかけてきて、「(糖度が)十六度しかないからよ、甘くないだろう」と、言ったらしい。二人は何を考えたか、口から十六度の角度で必死にほお張ったらしい。度数違い、カン違いだったわけである。オジィの軽トラックは「アガヤー」と言って去っていったらしい。キョトンとした二人には、ただ風が優しく吹いていたそうだ。

今日も、軽トラックがゆっくりと走っている。

一九九八年十月

大岳

小浜島には、小さいながらも山がある。山といっても海抜一〇〇ｍほどである。名前を大岳（おおだけ、改めウチナーグチでうふだき）という。

うふだきの山頂からの眺望は、登った人でないとわからない。とにかく、素晴らしいの一言。東側に石垣島、竹富島。石垣から西表まで連なるリーフの白波、その外側の群青色の海、そこを走る定期船の航跡。南に黒島、新城島、そしてかすかに波照間島。西に西表島。小浜島との間にあるヨナラ水道。風の音、牛の鳴き声が下から聞こえる。「あーいい」と、月に二回ぐらいは、はいむるぶしに滞在中のお客さんや知人を連れて登っている。ところが高齢化が進んでいるせいもあるが、地元、小浜島の人はあまり登っていない。最近遊歩道が頂上まで出来たことも知らない。

ただで見られていた頂上の双眼鏡も風塩害でサビつき、倒されていることも知らない。当然「わざわざ登ってどうする、畑仕事が忙しいのに」と、オジィに反論されそうであるが、展望台のゴミや風倒木も少なくない。少々苦く恥ずかしい気持ちになることもある。

そんな時、駐在の伊波さんと山頂でバッタリ会った。「どうにかきれいにしようね」と、現状を写真に撮っていた。みんなが登ってこないからだそうで、写真を見せるらしい。正しいと思った。「小浜節」のイメージを壊さないように、とりあえず観光に携わっている人で清掃からやってみてはと、二人で盛り上がった。「観光と農業の島・小浜」と勝手ながら位置づけて取り組みたい。

島のオジィのビーバーばりの熟練の腕前が必要になるに違いない。

一九九八年十二月

紙芝居三太郎

小浜島で三人の子供に恵まれ、新米父親業も兼務している僕は、ＰＴＡの文化部長に任命されて、ヒーヒー言いながら頑張っている。ＰＴＡ文化部の役割の中に、マンタ文庫運営というものがある。公民館の一面を借りての図書館の運営である。五年前に発足した。週二回オープンして、島の人へ読書のすすめを訴えているが、現実的には、あまり利用されていない。「これではいかん！」と、先代からの流れで、マンタ文庫主催「紙芝居三太郎」というイベントを開いて、この文庫の存在をアピールしている。

紙芝居三太郎というのは、紙芝居をやるだけではなく、コンサートをやったりする子供たちへのお楽しみ会的要素も入ったイベント。主人公は南島詩人の平田大一。彼のことを子供たちは、「大一ニイニイ」、「三太郎」と呼ぶ。子供相手にお話をするのは、そりゃ大変である。走り回る子、背を向けて、まったく無視する子、寝そべっている子…。それでも三太郎はニコニコと話す。

十一月吉日、久しぶりに「三太郎スペシャル」を企画した。今回は、子供たちに「アッ」と言わせようと、三太郎の兄がゲストで登場。変装していたものの、「な〜んだ、萌のお父さんじゃないか〜」とすぐにバレてしまったが、僕も二太郎という芸名でデビューした。三太郎よりも年上だからという単純な命名。ヤマハのＤＸ７というシンセサイザーを、久々に倉庫から出してきて、紙芝居に合わせて色んな効果音を出して、子供達を釘付けにする狙い。結果、大成功だった。

予定にはなかった三太郎の三線での「もーやー」風な紹介に、踊らされながら登場したが(踊る自分も変)しばらく曲が終わらない。三太郎は「何が彼をここまでさせる〜」と言って、ただでさえ恥ずかしい僕をさらに恥ずかしくさせた。ひきつり笑顔で踊りながら、「おのれ三太郎、みてろよー、あと二年後ぐらいに、娘の前で同じようにさせてやる〜」と決心した二太郎だった。

一九九九年一月

地域振興券

小学二年生を筆頭に、三児の父親である僕のもとへ、六万円分の商品券、地域振興券が届くことになった。色々と条件があるものの航空会社のマイレージ同様、僕にとってはとても好条件のものだ。しかし、もらえるものにケチをつける訳ではないが、何でこんな偏った交付になるのか疑問に思う。地域の振興を考えるなら、一人いくらとするべきではないだろうか。以前のふるさと創世資金の時も、国は妙なことを考えるもんだと思ったが、今回も同じようにスッキリしない。

それにしても、この商品券、町内でしか使えないという。竹富町の人が買い物をするのは、ほとんど石垣島なのに、石垣市では使えない。何を買おうかと思う前に、買えるところがほとんどないのだ。小浜島はまだいい。前本スーパーを筆頭に三軒のお店やはいむるぶしの宿泊、食事などにも使える。それじゃあ、ほとんど人のいない新城島なんかはどうなる？　安里公民館長も今は確か石垣島にいるはずだし、わざわざ竹富、小浜、西表に渡って使うしかないわけ？

ケース・バイ・ケースで、苦肉の策が練られていることだとは思うが、そもそも八重山に一市二町などという区分けも変だと思う。離島の集まりなのだから、一つにしないと何もまとまらない感じがする。観光協会も名目上別々になっている。空港も石垣空港なんて呼び方でなく八重山空港にしてはどうだろうか。そうすれば、石垣島に寄り掛かって、都合よく離島でございと、どこか利用だけしている僕を含めた島の意識も変わるのになぁ。そんな、生意気なことを、振興券一枚からでも語れるようになった三児の父の僕である。

一九九九年三月

「小浜ドリームス」へのプレゼント

昨年結成された「小浜ドリームス」。まだまだ八重山の少年野球のレベルには達していないチームではあるが、コツコツと練習を続けている。

もう八年も前から僕のファンであり、小浜島のファンになっている尾上哲雄という人がいる。年一回必ず来島する八重山病の彼は、阪神電鉄に勤める人で、現在、野村監督で何かと騒がれている阪神タイガースの本拠地、甲子園球場の部長をやっている人だ。

二月、来島の折り、大岳へ登ったり、細崎から眺める西表島の雄大さを紹介したりと、僕の「リムジン」で島内を案内した。宿泊先のはいむるぶしへの帰路、僕の長男の豪がメンバーにいることもあって、小浜小中学校グラウンドで練習中の小浜ドリームスを見てもらった。その小粒な十三人しかいないチームをじーっと見つめて、一つの提案をしてくれた。「普段はやらないけど、甲子園の土を贈りましょう」と。

そして、五月十四日に甲子園の土が子供たちに届けられた。ワーワー言いながら、黒いその土を触っている子供たち。中には匂いをかいでいる子もいて、楽しいプレゼントとなった。

大久研一監督曰く。「めったに手に入らない貴重なものだよー。野球を続けて、いつかこの土を甲子園に返しにいこうなー」。子供たちは「オー」と、威勢のいい返事。すでに甲子園までを視野に入れたかのようだ。

土を送ってくれた尾上さんは、沖縄尚学高校対PL学園の、春の大会での激戦をネット裏の関西人の役員ばかりの中で観戦。一人「がんばれ沖尚」とつぶやき続けていたそうである。

一九九九年六月

ダンボール

島の生活にダンボール箱は必需品である。石垣島から荷物を運ぶのにも必ずこの箱がいる。船から降ろされる箱には、フルネームで所有者名が表に大きく書かれている。何か島らしくていい。

石垣空港のバゲージテーブルに流れてくるダンボール箱も、何となくオバァの笑顔が感じられて好きである。その横の壁にはタキシードを着た具志堅用高氏の写真がある。まだ真新しくて、以前の色褪せた彼のファイティングポーズが懐かしくなる。

那覇空港の新ターミナルにも内地の仕事の帰りに立ち寄ったが、「まーこりゃこりゃ」という言葉しか出てこない。以前は、知る人ぞ知る三階食堂街の「たぬき」という、うどん・そばの店に通っていた。古いけどなんとなく落ち着く空間だった。その店でも、どこかの島に帰るお客さんのものと思われるダンボール箱を見かけていたものだ。新ターミナルで「たぬき」を探したら、きれいになって四階で営業していた。けれど、昔の面影はもうなかった。ちょっと淋しい気持ちになったが、あのきれいな空港で何度も使われた様子のダンボール箱を抱えたオバァを見つけて、嬉しくもなった。

島にゴミが増えるのは、物が最終地点として集まってくるからだ。ダンボール箱も最終的には島のゴミ捨て場で焼却される。その前はゴミ箱として使われる。エコロジカルな詩も書いている僕としては、ダンボール箱をきれいに切って、CDの注文があった時に包装用に使い、内地へダンボールを送り返している。

ダンボール箱が、本当に島の生活に必要なものだと、この原稿を書きながら改めて思っていたところに、隣のオジィから紅イモが届いた。ダンボール箱いっぱいに。

一九九九年七月

ウォーキング・オン・ザ・ビーチ

ビールが大好きな僕は、ただ飲み続ければ、ただのデブになる。細身がミュージシャンというイメージもしっかり持ってるから、健康のためと脂肪をとるためのジョギングを、さぼりながらも続けてきた。だが、それを休むと変な強迫観念に苦しむことになる。これは、精神的にかえって良くないんじゃないかと思い、ほかに気持ちよくやれる運動がないかと考えていた。ある時、「そうだ、歩けばいいいんだ」と結論が出て、自宅とはいむるぶしの間、約二キロを歩くことにした。

しかし、シュガーロードで必ずと言っていいほど、優しいオジィたちが、軽トラックを停め「車、壊れたかぁ？　ウリ、乗れ、ハイ」と声をかけてくれるので、決心がゆるむ。そこで、はいむるぶしの園内や浜を歩くようにした。一日約一時間。少しピッチを上げたウォーキング。暇が出来たら、その場でスタートできるし、足元は島ジョーリで十分だ。十五分も歩くと汗ばんでくる。

はいむるぶしのビーチから東へ浜を歩く。竹富島や石垣島がイノー（礁湖）の海に浮かんで、スコールのカーテンを携えながら、白い入道雲が渡っていく。とっても気持ちがいい。地球はやっぱり丸いんだと水平線をみて詩人にもなれる。潮だまりではミジュンの稚魚の大群が、外洋に旅立つ準備で何万匹も漂い、時々そこにアジが飛びかかっている。その群れの中に座ると（何故かいつも海パンをはいているので）僕の回りをグルリと囲み、時々ぶつかってくる。

浜を歩いてもらったこの自然からのご褒美に、明日も歩きたくなる。でも、まだお腹の脂肪は減らない。いつの日かと信じることにしよう。

一九九九年九月

島の子、街を行く

夏休みは、内地からの子供たちでいっぱいの小浜島、はいむるぶし。じゃあ、その逆、四十名の小浜島の小中学生はどうするのかというと、街を見に行くのだ。最近は「ディズニーランドに行って来たさー」とか、「北海道はデッカいぞー」とか、行き先もバラエティに富んでいる。

我が家の子供たちも、ジュニア・パイロットという制度を駆使して、九州や大阪、名古屋など、いろいろな街の親戚を二十日間渡り歩く旅をした。日頃から石垣島が彼らにとっての街なので、都会は那覇を含めて目にするものすべてが感動だったようだ。

旅の始まりは、沖縄本島での二日間の滞在。その間の移動は車。五十八号線の車窓から見える風景の中で、一番インパクトがあったものが看板だったらしい。「○○クリニック」「○○レストラン」などなど、次々にあらわれる看板を読み上げる声を聞いて、「やっぱ島の子よねぇ。無邪気よねぇ」と、運転している知人の奥さん。平和な話だなぁと感じた瞬間、「大人のおもちゃ」。「え、何コレ？　どんなおもちゃだわけ？」と質問されて汗タララ…。いかに子供にとって不必要な看板があるか教えられることになった。

内地では、どうしても電車に乗りたいというので乗ってみると、出発して五分程で大パニックになった。トンネルに入った瞬間、急に暗くなったので「ワーッ」と叫んでしまったのだ。まわりの冷たい視線に恥ずかしいのは親ばかり。島の子ならではの思いがけない反応に、逆に初心に戻れた気がする。

二十日間の旅を終え、無事島の日常に戻った。「かわいい子には旅をさせよ」。いい言葉だなぁと思い直していたが、一日で違うと実感。宿題が山ほどたまっていて、ご丁寧に備考欄には、「お父さんと一緒に研究しよう」などと書かれている。勘弁してよ〜。

一九九九年十月

タオルはち巻き

賛否両論はあったけれど長年ショートヘアにしていた僕は、何となく髪をのばしてみた。毛質が柔らかくて細いので、のびるのに半年かかったが、のびるにつれて武田鉄矢に似てきた。短かった頃と全く違うのは、髪のことに気がいくこと。後ろにかきあげたり、耳にかけたり、何かと忙しい。

ある暑い昼下がり、郵便局やJAのマークのついたタオルがあったので、汗をふくつもりで頭に巻いた。これが気持ち良い。それから何げなく毎日つけていた。たまに野外コンサートもやるので、風で髪が乱れるからそんな時も巻くようになった。やちむんのシゲナスくんの気持ちがやっと解ってきた。今じゃ、寝る時以外はいつも巻いている。もちろん今このエッセイを書いている頭にもある。

でもやっぱり、島の農業青年のタオルはち巻きの無言の格好よさの前では、まだまだ青二才の僕のはちまき。大体、汗の量がちがう。根性も違う。加えてみんな、サングラスが今風なカラフルで細身のチャラチャラしたものなど吹き飛ばすかのような真っ黒いレイバンタイプのものばかり。軽トラックから毛深い腕を半分外に出して、時速十五キロで通り過ぎてゆくその瞬間の頭のはち巻きが、いい。黒いサングラスがチラッとこっちをみてピョコンとあいさつをしてくれると、一日中幸せな気持ちにもなる。タオルはち巻きいいな。

でも石垣島とかに行く時は、なぜか巻けずにいる僕や農業青年たちでもある。

色々ためしてみて、やっぱ郵便局のタオルは肌（？）ざわりがいいネ。貯金の時くれる景品は、「タオルにして」とリクエストするようになった。一度やってみると、クセになるよ。

一九九九年十一月

早朝の機上にて

新那覇空港が開港して久しいが、内外問わず不評が多い。わがままな沖縄ファンからは、昔のあの寂れた空気が良かったなどという声も聞かれるが、それはほっといていい。勝手過ぎる。個人的にはＡＮＡとＪＡＬが両翼に離れ過ぎていると思う。両社を乗り換えないといけない人にはその間の移動が大変だ。出口向けには動く歩道もあるが、両翼を結ぶ間にはない。離島から出発する僕らも大変です。地上スチュワーデス（グランドホステス）の走ること走ること。そろそろスニーカーにしたらと言いたくなる。お昼前後の時間帯は出発、到着でごったがえしている。ちょっと時間があるからと一旦外に出て再度チェックインしようとすると、ものすごい人、人、人。そのおかげで何度も時間ぎりぎりになることがあった。

那覇に泊ることの多い僕は、やはり遅くまでおつき合いもあり（本当は自分からすすんで付き合っているが）午前様となる。それでも早朝の便で石垣へ戻るようにしている。朝の空港は本土便が到着していないので、閑散としていて落ち着く。ＪＴＡの石垣行きに乗り込むと顔の腫れた僕に似た御仁が多い。機内が泡盛臭いのもいい。コックピットはそうではないと思うけど。街ではしゃいで石垣へ帰る人達が多いので、妙に口臭も気にならない。そんなことを察してかスチュワーデスさんもあまりしつこくない。いつもあるはずの機長さんのフライト報告もない。みーんな寝ている。太陽の光も早朝だから後ろからあたるので、窓際のA席に座っても目が苦しくない。雲がきれいだ。大好きだな。

ただ降下し始め、着陸十五分前のアナウンスがあると皆スクッと起きる。石垣名物の素晴らしい逆噴射に備えるためだ。無事着陸すると今度は濃い八重山の夜を体験し二日酔いで那覇に向かう人達の朝一便となって三十分後に飛び立つのだ。

二〇〇〇年一月

インフルエンザ上陸

小浜島は今、キビ刈りの真っ最中だ。小浜製糖の高い煙突から、真っ黒で甘～い煙りが、北風に真横に流されながら、今日も元気に吹き出している。元気なのは煙とオジィ、オバァたちで、子供たちの元気がない。

インフルエンザと思われる風邪が大流行となって、今日もまた一人倒れたとの噂が流れる。先日は、小学生三十名のうち、二十一名が欠席し、二日間、学校が休校になった。他の竹富町の島の情報を、校長先生が臨時評議会の席で話していたが、この状態は小浜島だけらしい。「なんでネ?・」と、よーく考えてみると、僕なりの推論だが、島にははいむるぶしリゾートがあり、そこに毎日沢山の旅行者がやって来る。この方々が媒介ではないかと思える。その人たちに直接接するのがフロントマン。フロントマンには大体いい男が多い。だからそのほとんどは既婚者。そこからフロントマンの子供たちへとつながり、保育所で広がって、その兄弟につつり、家族を次々とキビ倒しのように倒しながら学校へと至るというわけ。

他の島には、それがあまりないからかなぁと思うが、またよく考えると竹富島の方が来島者ははるかに多い。「なんでネ?・」の最初に戻るしかない。まあ結論は結局「わからない」のだが、早く治れよ小浜っ子。

二〇〇〇年二月

アクエリアス

台湾と八重山とは、友好関係にある。航空機のチャーター便なども試験的に相互乗り入れなどもしていたが、最近では、大型客船を使っての台湾の旅行客が、石垣そして八重山の島々にやって来るようになった。でっかい船が石垣港に停まっていることが多い。最新鋭の八重山観光フェリーのサザンドリームでも相手の大きさに、乗船していて何となく引け目を感じる程だ。見上げていて首が痛くなる、その船の名前は「スターアクエリアス」。救命用のボートがサザンドリームと一緒ぐらいなので、「どこか負けた〜」と感じてしまう。台湾からのお客さんは、石垣市内をネームプレートをつけて、四〜五人のグループで歩いている。茶髪、ガングロがいないし、どことなく今の日本人の平均的ウェアセンスと少し違う感じなので、ピンとくる。石垣市内、特に港周辺にいる。二本あるアーケード内にいっぱいいる。雨が降ると、雨から逃れるために、皆アーケードの中に入ってくる。まるで歳末商戦の時のように人、人、人となる。歩けなくなるのだ。小浜から出かけていって、そんな中に入ると、それでなくても石垣の人と車の多さに疲れるのに、その比較にならない数の人がごったがえしている。「あ〜だめだ」と、喫茶店に逃げ込んでも、そこにも沢山の言葉の違う人がいる。彼らはとにかく声が大きい。台湾から帰化して住んでいる人達の店は大盛況。フリーターの路上アクセサリー屋も大盛況。でも、本屋さんはいつも通り、お食事処もおなじ。「もう少しまとまって、商売すればいいのによ～」とタクシーの運転手さん。変に興味を覚えて、何を買っているか見てみると、カップ麺のケース箱を持っている人がいっぱいいる。電化製品は意外と少ない。行政と手を組んで、何か新しい観光と島らしい商売の必要性を感じた。八重山の音楽コーナーでもいいかもしれないなあと、小浜行きの船窓からアクエリアスを見上げながら感じる僕だった。

二〇〇〇年四月

コハマ交通

唯一の島の交通機関「コハマ交通」は、島に路線バスを走らせる。人口五〇〇名の島には画期的なものだ。バスといってもマイクロバスだけど、バス停もある。ただ、四つ角の家の石垣に貼ってあるシール状のもの。時刻表もなく、「野底家角バス停」などと地域密着型のネーミングが微笑ましい。主に港と集落とを結んで走っている。高齢化最前線の小浜島だから、主にマイカーのないお年寄りが石垣へ渡る時に、港まで利用する。でも、バス停の前でジーッと待っているわけではない。電話をかければ、家まで迎えに来てくれるサービスがあるのだ。

バスは玄関前に停まり、「プップー」と軽く合図を送るが、耳が遠い人が多く、運転手氏は、玄関まで入っていって呼ぶ。結局、荷物持ち係も兼ねて家から出てくる。長期不在の時は鍵までかけてあげている。バァちゃんが乗車するとご近所さんも乗っているわけで、「アイ！　シカ（石垣）にが行くかー？」というあいさつから始まり、ゆんたくが港まで続く。十年住んでいる僕でも、後ろで話している会話の内容の半分も解らないけど、それはそれで微笑ましい。港に着き、船が接岸するまでまだゆんたくは続き、ドアが開いてゆっくり下車していく。その時一律の乗車料金をお釣がないように、皆、運転手氏に渡す。中には紙袋にちゃんと包んで渡す正統派（？）のじいちゃんもいる。船に乗る人あれば、船から降りて来る人もいるわけで、石垣から買ってきた沢山の荷物を詰め込んで、集落へとバスは戻る。そしてまた一軒、一軒と降ろしていく。そのたびに荷物をいっぱいに抱えた、宅配係兼任の運転手氏の姿がある。それが当然で普通に見える島の風景が微笑ましい。平和だ。

運転手さん、ご苦労様です。

二〇〇〇年六月

「ナビィの恋」がやって来た

那覇に立ち寄るたびに、リウボウホールで上映中の「ナビィの恋」を観ようと思っていたが、いつも満員。んーこうなったら島に「ナビィの恋」を引っ張って来よう、などと大胆なことを考えた。それをついPTAの集まりで口を滑らせたものだから、「ナビィの恋上映実行委員会会長」というすごい役職が背中にくっついた。

ブツブツ一人で文句を言いながら準備に入り、でもこういう難儀が本当は好きなんだぁという自分を再発見することにもなった。六月二日、監督自ら上映スタッフでやってくるというので、港に迎えに出かけた。船が接岸し、降りてくる乗客の中から顔も知らない監督さんを、イメージばかりを頼りに探すがいない。船首部分ではキャンパー風な男が、島人と一緒に荷物降ろしを手伝っている。ジュラルミンケースの映写機と思われる大きな荷物を降ろす時、「これゆっくりお願いしますね」と、そのキャンパー風な男が口を開けた時、中江監督がその人だとわかって嬉しくなった。

夜、二〇〇人を越す島人が体育館に集合して上映会は大盛況となった。川崎教頭先生のピアノで地謡も加わり「十九の春」を歌って、小浜らしく開演。最初は順調に進んでいたが、突如映写機に「虫」が襲来しはじめた。体育館の周りに灯りがないからだ。ウチワを振って、タオルを振って、役員が殺虫剤を買いに走り…。でも、なんとか終了。よかったよかった。

バァちゃんたちは、チラシをチケットと思って来るわ、民謡ショウと勘違いして来るわ…。倒れそうになったが、みーんな来てくれてよかったたな。

中江監督、スタッフのみなさん、ご苦労様でした。僕や実行委員は結局、ゆっくり観られなかったけどね。
ビデオ発売を待ってます。三拝云。

二〇〇〇年六月

虫との付き合い

梅雨も明け、まっ白い雲と青い空、エメラルドの海をながめながら、颯爽とシュガーロードをバイクで走る気持ちよさは嬉しい。が、たった一キロほどのシュガーロードを走り抜ける間に、虫が七〜八匹、顔面にぶつかる。傷が残ることもある。そんな時ふっと想い出すのが、六年前の初夏のこと。

四日間程、バイクに乗らずにいて、久しぶりに動かそうとしたが、動かない。何やかんやいじくってはみたがダメ。島には整備工場がないから、修理名人に頼むしかない。浮海さんという人。彼ははいむるぶしに居て、ランドカーなどの整備をしている。工具等も揃っているから持っていくしかない。九十度の太陽の下、シュガーロードを通り、約二キロ、バイクを押した。ブチクン（日射しで倒れる）しそうになったが、ヤギや牛やキビに激励されて、やっとの思いで辿り着いた。

「動かんサー、バッテリーは替えたばかりなんだけどヨー」と症状を言うと、「何日か乗らんかったんじゃあないか?」と聞かれ、「はい」と答えたら、氏は笑いながら「修理代はオリオン一缶でいいサー」とまだ触れてもないのに、自信タップリのつまようじをくわえた笑顔で、何やらハリガネをピーンと伸ばし、バイクのマフラーをつつき始めた。三十秒ぐらいやっただろうか、「エンジンかけてみれ」という。そんな事で直るほど甘くはないゾと思いながら、キックしてみたら、堰を切ったようにバリバリバリとエンジンがかかった。マフラーの小さな穴から、葉っぱのかたまりや幼虫が次々吹き出してきた。驚く僕に「蜂は好きサ、マフラーに巣作るのヨ」とのこと。三キロ押したあの苦労の原因がこれだと解っただけで、倒れそうになった。

夜の野外コンサートの時も、周りに光がない島のことゆえ、カナブンがステージに突進。僕の口に何度も入ってくる。虫との付き合いの深さに改めて島を想うつちだきくおである。

二〇〇〇年七月

ビーチパラソル

夏が今年もやってきた。暑ーい。内地の方では、三十八度だ三十九度だと高温らしく、三十二度の八重山の気象データをみては、「いいですね。そちらの方が涼しくて」なんて言ってくる。フン、気温ごときで夏を語るのは素人。日射しの強さは日本で一番厳しいのだ。UVカットの化粧品も貫き破るほどの日射し。ちょっと油断するとアゴの下も照り返しで焼けるし、ブチクン（日射しで倒れること）という言葉もある。すごいんだゾ〜。

意地になってもしょうがないが、日射しはおそろしく強い。島のオジィたちはクバガサなどで、日射しをはねかえして、黒ゴマの収穫中である。無口に汗して働く姿についい声をかけても、かえってくる言葉は「あっついさ〜」。それ以上こちらも何も言えない。ただ小浜島らしいものが畑にあるのに気づいた。ビーチパラソルである。市販のものではなく、一般には手に入らないＪＴＢやスカイホリデーと書かれた旅行会社や航空会社の随分前のモデルのものが、三時のチャウキ（休憩）の飲物やおやつなどを日射しから保護するようにポツンと立っている。島にあるリゾートホテルはいむるぶしから流れた（？）モノと思われる。最新のパラソルはビーチで水着やサングラスとたわむれているが、何年かすると小浜の畑でその余生を送ると思うと嬉しくなる。

ビーチパラソルは立ってばかりでもない。西日がとても厳しいので、西表に日が沈む直前までチャウキの後は斜に横たわって日射しとともに角度を変えられている。先日キビ畑の中で、動きまわるビーチパラソルを見つけた。驚いて近づくと小型トラクターの座席の背に結び付けて作業しているオジィがそこにいた。パラソルは家に着くまで開いているようで、農道も無口にさりげなく渡ってるから、すれちがう旅人たちは圧倒されて、何故か「格好いい」と思うらしい。でもそのことをオジィは知らない。

トラクターにビーチパラソル、農道、オジィの背中、夕陽…かっこいい（?）かな。

二〇〇〇年八月

選挙カー

石垣島、与那国島以外の八重山の島々をまとめて竹富町という。所謂、離島の集まりであり、石垣島との定期航路をそれぞれ持ってはいるが、町内の島々を結ぶ手段はなく、必然的に町役場は町外の石垣島に置かれてもいて、石垣へ買い出しに出かける折に町役場にも立ち寄るのが町民の一つのスタイルとなっている。

この竹富町の町長選挙が先日あった。公示から投票日までの期間が今回は短く、折しも台風の余波の残る時化の海を、候補者一行は渡り継いで支援を訴えていた。地元の新聞には、〝船に強くなければ町長ではない！〟なんていう、そんな問題じゃないだろうと言いたくなるコラムが載ったりしていた。しかし実際、冬の北風の海を渡るのは大変だから、一概に否定もできないとも感じた。

投票二日前、夕刻、静かな島の風景に、初めてだと思うが選挙カーがあらわれた。選挙カーと言っても、島の人のワゴン車にスピーカーを取り付けて、看板もついていない即席選挙カーではある。近づいて来るとそのスピーカーの音の大きさに、三線の練習をしていた僕も「何がおこったか」と窓の外へ飛び出した。一目見て、小浜にも選挙カーが来る時代になったんだぁと、すぐに理解できたが「寝耳に水」状態だったのが、牧場の牛たちだ。左へ右へびっくりして走り回り、中には選挙カーに併走している牛もいて、暫くあんなに早く走れるんだぁと感心しながら眺めていた。年一回、消防の日に朝から消防車をサイレン鳴らして島を一周することぐらいしか牧場に届く人工の大きな音はないから、さぞびっくりしただろうなぁ。次は町議会議員選挙だ。

来るかなぁ選挙カー。

二〇〇〇年九月

牛

八重山の風景のイメージには色々なものがある。青い空、リーフの白波、その内側のイノーの透明な海、サトウキビ畑、渡る風、九十度の日射し、真っ黒な影…など、次々と出てくるが、今、アルパの記事を書いている書斎（西表が目の前に見えるんだヨ〜）から目を外に向けると牛がいて、ジーッとこっちを見てる。口をモグモグさせながら。何を考えてるんだろう？　まだジーッとこっちを見てる。意外と八重山の風景に加えられてはないが、牛は多い。牛は食べさせてもらっているという弱味が何故か僕にはあって、牛がこわい。そんなヤツだから、当然牛との遭遇も多い。

はいむるぶしでのステージを終え、外灯の一本もない真っ暗なシュガーロードをバイクに乗り集落の自宅まで帰る途中、前方遥か彼方に、青白い二つの小さな光が見え、（何だろう？）三秒後には、道の真ん中で寝そべり顔を上げて、こっちを見ている牛にぶつかり、バイクごと跳ね返されたり、ジョギングしてると、キビ畑からノソッと牛が出てきたり、ドライブ中、柵から逃げ出した種牛が前方から向かってきたり、想い出も多い。

苦手だから克服しようとキビ刈りの後に出るキビの葉を牧場に持っていき、牛にやっていたら、瞳がとてもきれいで、なでさせてくれる優しい牛にも出逢えたが、近づくだけで闘牛のスタイルをして今にも向かってきそうなヤツもいて、性格も十牛十色らしい。いつだったか年に一回の浜下りの日、今は牧場だが以前は浜下りのルートだったらしく、牛の間をビニール袋や浜下りグッズを携えてバァちゃんが歩いていた。牛たちは唖然として、皆ピクリとも動かず、バァちゃんをただ見送っていた。バァちゃんはすごい。

二〇〇〇年十月

シーサイド

島人永年の願い！　と言っても過言ではないお食事処のお店が誕生した。以前は唯一の喫茶店「やしの木」のランチしかなかった。ここの経営者の倉田ご夫妻は、喫茶をメインに営業しているし、どんどん増えてきた島外からの日帰り業者の人たちへの昼食サポートには限界があって、商店で弁当を買う人も多かった。そこに誕生したのがお食事処の店「シーサイド」だ。

まず食べてみたくなるのが、名物「やさいソバ」。経営者の大久トヨさんは、二十年以上はいむるぶしの従業員食堂のお母さんとして愛され、七十歳過ぎてからの再出発をその店にかけた。味はグッド。色々な定食があり、日替りもあるし、「これとこれまぜて弁当にして欲しい」などというオリジナル弁当のお願いにも良心的な金額でこたえてくれる。従業員食堂のお母さんから島のお母さんといえる存在になった。午前十一時過ぎに店に入るとゆったりとした島の空気とはまったく異なる活気に満ちている。三人ほどのヘルパーの女性がバタバタと忙しそうにしている。その人達は、はいむるぶし従業員の奥さんたちで、日々交代でお店の手伝いをしている。だから愛想もよく、繁盛している。

電話での弁当の注文が次々とかかってきて、正午を過ぎた頃から次々と作業着姿の人達が、とりに来る。小さな店だから、中で食べるのにも限界があり、皆それなりに店に協力している様子がいい。外で食べる人達のその場所が素敵だ。西表を望む細崎の防波堤に腰掛けて、釣り道具をもって食べている。美味しそうだ。

ただ「シーサイド」という名前には少々びっくりした。小浜集落は海抜二十七メートルにあり、丘の上なのだ。誰かに同じことを言われたのかもしれないが、開店一カ月後には入口の壁に書いてある「シーサイド」の文字の横に白い砂浜にビーチパラソルの絵が描かれた。もうこれなら「シーサイド」だよね。トヨおばさん元気で頑張って下さいね。

二〇〇〇年十一月

ちょうちょ

オオゴマダラという、まるでティッシュが空を舞っているように見える大きなチョウチョを筆頭に、沢山のチョウチョが小浜島の風に泳いでいる。どんなに大きな台風の後でも、どんなに厳しい冬の北風の後でも、晴れた朝は、優雅に舞っている。

僕はよく、はいむるぶしで知り合った、島に対する正しい（？）想いをもった人達を、愛車ダイハツミラ・リムジンに乗せて島を案内しているが、西表島を正面に望む小浜の西岸・細崎に連れていき、何色もの海の青、生きてるように刻々と変わるヨナラ水道の海の青とその向こうの西表の山を見せる。大体「ワァーッ」と言ったまま暫くみなたたずむことになる。

するると、西表からチョウチョが飛んでくるのが僕には見える。小浜の浜に辿り着いても、休むことなくまた目の前を通り過ぎていく。「ほらチョウチョが…」とまわりの人に言うが、誰も「えーっ、どこ？」と気づかない。十人中八人は気づかない。ヨナラの二キロを渡るってすごいなぁ。ところがある日、波照間島沖で釣りをしてて、三六〇度何も陸地の見えない大海原をチョウチョが飛んでいるのを見た。海人によると、漂流物で羽根を休めているらしいが、すごいよね。先日、長野を飛び立ったチョウチョが、七十日後、与那国島で発見されて話題になった、と八重山の新聞に載っていた。信じられないが、自力で七十日で、約三〇〇〇キロを渡ってくる。日頃から、飛行機で全国を移動して忙しく過ごしている自分をはかなく感じた。

「トンボだって海、渡るさー」と海人に教えられ、ひょっとするとカブトムシも？　などと妙な興味を覚えたりして、今日も車を走らせる、無料島内観光係兼ミュージシャンのつちだきくおであります。

「チョウチョ」と話ができたら渡海の理由をききたいもんです。

二〇〇〇年十一月

孔雀

小浜島と云えば、サトウキビ。でも今年からは「ちゅらさん」の島と言われそうだが、来島者の思い出に残るのが意外にも、「孔雀」だ。僕のラジオ番組「イノー通信」のCMの中にはいむるぶしのCMがあるが、「ロビーを出ると水牛は転寝。コテージの窓に孔雀は散歩…」なんていうキャッチコピーがあるが（実は僕が考えたもの）孔雀がいるのです。

二十三年前に、はいむるぶしがオープンする時、何処からか連れてこられた十数羽の孔雀。ジワジワ増えて、今や何百羽と云われる孔雀。はいむるぶしの園内に留まらず小浜中に散在している。放し飼いなのです。だから、ホテルの部屋の窓にも現れるし、キビ刈りしてても現れるし、地元では、当たり前なのだが、旅人はやっぱり驚く。女性客は何故かバッグにお菓子が入っている人が多いが、「まー孔雀だわ」てな事で窓を開けて、孔雀にそのお菓子などを与える。そうなると、その人は良い人、その部屋は良い人の部屋と孔雀達に刻印される。翌朝夜明けと同時にその部屋のカーテンが開いてなくとも友達三十羽引き連れて餌を貰ったヤツが「この部屋の人は良い人さぁー」とばかりに一斉に窓ガラスをガツン、ガツンとくちばしでノックする事になるわけ。

園内に居て、ビジターが見ると「まぁー孔雀」。はいむるぶしを飛び出してサトウキビ畑にいると、おじーから「この害鳥め」と呼ばれる孔雀。それなりに数制限を考え、猟友会も動いてくれているとの事だが、「小浜と云えば孔雀」。これから、どうなりますやら…。

最近西表島でも見かけたとの話を耳にした。飛んでいったんでしょねと言われているが、一〇〇メートルも飛べない彼らだ。二キロ離れた島に自力では、無理だろう。きっと誰かが連れて行ったんじゃない。後何十年もしたら、天然記念物「西表大孔雀」になったりして…。

二〇〇一年三月

ヤギ

小浜でもやはりヤギはヒージャーと呼ばれている。島のあちこちにヤギはいる。キビ畑にも家の庭にも空き地にも。ただ食用はここでは少ない。メ～と鳴くのがヤギと思っていたが、子供達にはバ～と聞こえるらしく小浜小中学校で飼育されいるヤギの名前は「バーチャン」。年寄りだからと思っていたが違った。

先日妊娠してもうすぐ赤ちゃん誕生のバーチャンの餌が不足しております。サトウキビの葉を是非下さいとの学校からのお願いの紙が届いた。翌日牛が食べるほどの葉が届いたとか。バーチャンもびっくり。

ヤギははいむるぶしにも数頭飼われていて、ビジター達も喜んでいるが、こいつらそんな可愛いだけの存在じゃぁーないい。生まれたばかりのヤギはチヤホヤ人間から甘やかされ、餌はいつでも手に入り苦労がない。なにしても可愛いといわれ人間も怖くない。その子達が成長し、塀も飛び越え始めた。で、なにするかというと、ハイビスカスの葉っぱばかり次々と食べる。近づいて止めろとばかりに引っ張っても厳として動かず、いつしか、はいむるぶしのハイビスカスは全滅した。犯人のヤギはもちろん姿がなくなった。

我が家の隣のヤギもとても食いしん坊でバナナの葉、大家のばぁーちゃんが楽しみに植えた野菜の葉など次々に食べてばぁーちゃんに「このヒージャーめー」と追い掛け回されながらも逞しく育っている。もちろん人間も全然怖がらず、我が家の次男坊四才も追い掛け回されている。僕がこらーと脅しても角を向ける。ムムム…。そこで冗談に「食っちまうぞー」言ってみたら、急に大人しくなった。こいつらは人間の言葉が判っているハズ。ヤギは意外に手ごわいヤツです。今朝も早くから「バー、バー」と鳴いてるさぁー。

二〇〇一年四月

栄養ドリンク

最近の健康食ブームはどうしたんだろうね。合成食品だらけで、気にし始めるとなーんにも口に出来ない感じがするけど、異常なブームに島からは見える。地のものをその場で食するのがやはり一番だろうな〜と僕は思うけど、島に居るから可能な訳で街に住むとそう簡単にはいかないのも確かだな。出口の見えない話になりますね。

さて島のオジィの健康観はどうかなというと、何でも食べて、よく働いて、よく寝るの三本柱が やはり大事と言う人が多いですね。賞味期限とか叫ぶ人も無く「腐れる前が美味いさー」なんて消費者相談窓口の人が肩を落としそうな言葉も出てくるぐらいの感覚。夜明け前から牛の世話に出かけ、真っ暗になってから帰ってくるオジィたちを見てると、俺の方が早く冥土に行くかもと、思える事が多い。だから「ちゅらさん」でS氏が昼間から三線弾いてる姿を「島の男がみんな そうしてると思われそう…」と嘆くのは僕も同感である。

石垣に用事で出掛けるのも億劫らしく二時間ぐらいで帰って来てすぐ畑に出かける姿には頭が下がるね「規則正しい日常」がオジィ達の健康でありましょう。朝は何時に起きて、何時に朝食…。夕方は何時に帰って、テレビ番組は何曜日に何を見て、健康の源、島酒を一合半でピタリと止め何時に寝るという自分への厳しい日程をこなして日々過ごす。顔は大量の水をステテコ一枚の姿で何度も浴び、暇があれば猫のように顔を撫で回し、一日十本と決めた煙草を大事に吸う…。それで充分だハズ。ところがオバァたちが「これ飲めばもっと健康になるさー」と勧め、オバァの言うことには無条件に従うオジィが、そう信じて止まない物、それが、栄養ドリンク。僕も住み始めた頃、大家のばーちゃんによく貰った。家の裏座に、何十本も積まれてもいた。今思うにヤクルトとそんなドリンクがオバーの中では一緒の物で、ただ量が多い面とヤクルトより高額なのが「上等=健康にいい」となってるのではと思う。

キビ刈りのナカユクイ（休憩）でも定番の飲み物になってもいて、各メーカーの味、効果などそれぞれがノウハウを持っている。「あれはよくない。これのほうがいいさー」と誇らしげに飲んでいる。「大して差はないさー、気休めでしかない筈よ」なんて生意気言うと笑いながらも目が怒ってる。

島のオジィの健康は規則正しい生活と栄養ドリンクなのです。ドリンクが苦手な場合、島酒の牛乳割りで対応してるオジィもいるよ。

二〇〇一年六月

うわさ話

四〇〇名程の小浜島に住み始めて十三年目になる。最初は音楽だけで生活してる僕のスタイルは沖縄では稀な存在で、しかも数少ない島移住の大和人だったので一体どんな人なのかな〜みたいな雰囲気があって石垣に頭だけ出して覗くおばーが多かった。だんだん打ち解けて半年も過ぎれば、親戚のようになりはしたが、相変わらず、はいむるぶしの職員と思われていて、「食堂の係ね〜?」とよく言われた。説明も面倒くさいから「ま〜そんなもんです」と答えていた。

島に住んでタブーにしなければいけないと思ったこと。うわさ話。いいことも悪口もなるべく避けるようにしなければと思った。「デンサー節」にも「ムヌイザバ、ツツシミフチヌフカ、ンダスナヨ」ともある。人と喋る時は慎みを持って、余計な事は言うなという教え。島は親戚が多い。何処かでみんな繋がってる。軽はずみに親戚たる人の悪口など言えない。これは小浜島だけじゃなく何処でも同じではあるが大家のばーちゃんもよくそう言っていた。加えて高齢者が多いから、噂がねじれて，原形を残さないスタイルで伝わり易い。耳が遠い、勘違い…。これが色々と楽しい事件や騒動になる。「おへその手術に明日いくねー」が「屋富祖の親戚が明日来るさー」「恵みの雨になるでしょう」が「ねずみの雨がふるってよう」とかスゴイ変化を伴う。例を挙げたらここに書ききれない。

極めつけは内地で生まれた長男の顔を見に行く朝。「ばーちゃん、じゃ〜行ってくるね〜。お土産買って来るさ〜」「あ〜気をつけてね〜」手を振るばーちゃん。慌てて出かける僕。いつもはしないが五日間の不在だからカーテンだけは閉めて出かけた。これが後で大事になった。内地で子供の顔見て、島の知人に言い忘れた事があったので翌日電話したら、「あんた、夜逃げしたって？　島中でその話が拡がってるよ」と言われた。ヒエ〜何でそうなる訳？　ばーちゃんが言ったわけではないだろうが誰かが「カーテン閉めて出かけるは変さー」の一言から始まったに違いない。

電子メールも追いつかない島の噂話の浸透性。いい話がすぐ伝わる面もあるんだけどね。多かれ少なかれ皆そんな笑い話は持っているはず。噂話は海渡ることなく、島の中を東へ西へ今日も駆け巡る。

二〇〇一年六月

整備工場がほしい

島は結局、自動車にとって最後の土地だろう。沖縄的に考えれば、まず本島で乗られ、次に石垣で乗られ、そこから小浜で乗られという縮図を感じる。直接、内地や本島からやってくる車もあるが、島は最後の場所ですよ。今リサイクル法が施行されて島でのゴミの問題は普通の街とは全く違う難題がある。船で運ばないといけないので、余分に負担が掛かるのだ。車となれば費用も凄い。僕はギター以外は恐ろしく不器用で、パンク修理がやっとの人。車が故障しても動けばそのまま、どうしようもない時は石垣へ送る。でも島の人のほとんどが運搬費用を考えれば、そうせざるをえない。だからちょっとした故障が引き金になり車の耐久年数が下がり、お墓たるゴミ捨て場に早く行くという流れになる。

先日バイクが壊れた。原因究明に修理の神様のF氏と望み、ぜ～んぶ分解してキャブの掃除までして、またぜ～んぶ組み立てて…動かない。え～なんでね～と嘆く。格闘六時間。そして解かったのがある部品の故障。「これならゴミ捨て場にあるさ～」と廃車になってるバイクから取ってきた。ここが島らしいが。後少しで動くぞ～とワクワクして装着完了。結果、それも壊れていたのが判明。ドドーッと疲れて倒れた。「中古で買ってもとは取っただろう。棄てれ」と周りの人達。でも石垣のバイク屋さんに聞いたらその部品が時間は掛かるが取り寄せられるとの答え。替えて動く保障もないが一日かけて汗流し格闘したこのバイク。何処か愛情が芽生えていた。他人任せだったら気付かなかっただろうが、もしまたブォーンとコイツが生き返ったら、涙流して喜ぶ自分が想像出来たから、部品を注文した。それまで修理の難儀を金でどうにかなると考えていたが、いい経験をさせてもらった。

以来、廃車の部品回収を趣味に加え、はいむるぶしの小さな整備場に現れてはF氏の助手を迷惑がられながらやってる僕であります。でもやっぱりほしいよね。島の整備工場。

二〇〇一年八月

ハブ

宮古島で野外コンサートを友人、宮古のジョルジュのご好意で以前やったことがある。その時、子供達が真っ暗な広場の奥を走っていたから「ハブに気をつけなさいよ～」と注意したら笑われた。宮古にハブが居ないのをその時知った。何て幸せな島だろうと羨ましく思った。

小浜島にはちゃんとハブがいる。サトウキビ刈りしてると三日に一回は登場する。家の庭にも小さいヤツが先日でた。近所のオバ～曰く「子供のハブがいたら、まだ六匹は隠れているはずさ～。気をつけなさいヨ～」だって。スリリングな日々ですがまだ大丈夫なようだ。ハブは血清があるからと聞いてはいるが、やはり暗い島の夜だからつい用心深くなっている。

ハブに関してはそれぞれ考え方があり、ハブと聞くと麻袋抱えて飛んでくる人もいる。酒造メーカーに売るため。「ハブはよ～、一回目は噛まんさ。もう一回、間違えて手を出すと、ガブッとくるさ～ね～。ウリッ」と古傷を見せてくれたオジィーもいる。酔っ払って道で寝ててハブに頬を噛まれ、右手でそのハブを握り潰し、大きく腫れた頬のまま、朝まで寝て、診療所にも行かず治したウルトラマンみたいな島の友人も居て、ハブに関しての逸話がこの島には沢山ある。幸い僕はハブにあっても噛まれたことはないがキビ畑のそれもお墓に近いところでよく見かけるのは経験上確かなようだ。野鼠がキビ食い荒らしているのをみると、一概にハブを敵対視も出来ない。必要があって島にいる生き物でもあると思うけど、噛まれて命を落とした肉親でもいれば、そうは思えないかも知れないね。

島の診療所にいた当時のお医者さんが後日談として語ってくれたがある冬のキビ刈り時期に、あるオジィがハブに噛まれ、診療所に自分でカブに乗ってやってきて、「先生、これにが噛まれたさ〜」と手に巻きついたハブを持参した例があるそうだ。やっぱりオジィはかっこいいね。ハブは夏に注意報がでるけど、本当は冬のキビ畑が一番じゃないかな。気をつけましょうね。

二〇〇一年九月

小浜島の言葉

「ちゅらさん」では、藤木勇人さんの方言指導のもと、標準的な本島のアクセントでの言葉が数多く使われましたね。「…サ〜」「…で、あるわけサ〜」「なんでかネ〜」とかファンからのメールもそんなのが多くて、随分笑えた。ただ、「ちゅらさん」の故郷、小浜島の言葉が無かったのが淋しかったね。

凄いと思ったよ、住み始めた頃。「ウキワーリシタネーナー」と近所のば~ちゃんが我が大家、大仲のば~ちゃんに朝の挨拶にやってくるところから始まったからね。「起きられましたか」という意味だ。それから四、五人集まってきた頃、それまで、いつしかユンタク仲間になってる僕に気を遣って標準語で喋っていてくれてたば~ちゃんたちも痺れを切らして、小浜語に突然変わる。そうなると、トドメを知らないほど、どんどんボルテージが上がって、早口にもなり、どうも喧嘩してるなとボクは横で聞いていた。一段落した頃、大仲のば~ちゃんが今の会話をゆっくり解説してくれる。回りはいつもの優しい目に戻った、ば~ちゃんたちがそれを頷きながら聞く。「あそこの畑のネギが上等にできている」「へ~、少し分けて貰おうかね。」「ウチはいいよ。気が引ける」「な~に大丈夫よ。行っておいで」「イヤ、いいさ~」「大丈夫だって」…。そんな他愛も無い内容であった。中には僕が解からないからと言って、小浜語しか喋らない意地悪さんもいて、キョトンとする僕を笑う。こっちも愛想笑いして、頷いていると、「再婚してくれてありがとう」とやっつけられたりしたな~。

ボクのCDのアルバムのタイトルが小浜語になったのは、そんな師匠たちが居たからだ。「イノーの詩」のイノーはリーフの内側の浅瀬、礁湖の事。「シンジャの詩」のシンジャは、サトウキビの事。「タピスカロイ」は旅先の幸い…と、なった。そして、来年五月には初のベスト盤二枚組みのアルバムが出来る。そのタイトルは「イチュヌヌ」絹布の事。ベスト盤だから自分の軌跡を意識したら、海に映る航跡が思い浮んだ。航跡を絹布という小浜。古人たちの趣のある、自然観にまた感動。今、大阪のスタジオでゆっくり作ってますよ。

最後にもうすぐ来るお正月の挨拶を教えようね。「ミートゥスハ、ムカエティ、イイクトゥユー」と言う。新しい年を迎えて、良い事ですねと、いう意味。DEEPなんです。島の言葉。無くならないで欲しいサ～。

二〇〇一年十一月

はいむるぶし

「灯台下暗し」とはこの事で、百編を越えたこのコラムに出てなかったのが「はいむるぶし」についての詳しいお話。今回は島のリゾートホテル はいむるぶしについてお話しましょう。二十四年前にオープンした、はいむるぶし「南群星」は、ヤマハの会長川上源一さんが日本にも本格的なリゾート施設をという志でつくったもの。小浜島の五分の一の土地を買い取り建設された、一二〇室のコテージ風のビラが点在するスケールの大きな本格的なリゾートだ。敷地内はランドカーがないと不便。孔雀も部屋の窓に顔を出す。フロント棟の前のスイレンの池は水牛池と呼ばれ、太郎と花子という二頭の水牛がな～んにもせずに水に浸かってる。その周りにはアヒル、七面鳥、鶏が放し飼い。最近では何考えてるのか、馬、ヤギ、ウサギまでも飼い始めた。ドンドン動物園化してきていて、そのうち、水牛池にカバとワニが加わるかも。

　そのフロント棟のロビーの一角に僕のステージがあり、夜になると補助椅子が一〇〇個は並び、八重山病患者増産のための洗脳コンサートがあるわけ。普通のホテルの生演奏の形ではなく完璧にステージ化するんですよ、コンサートホールみたいに。週一回のRBCラジオの生放送「つちだきくおのヤイマ・イノー通信」もその舞台からやってる。十三年間もはいむるぶしで歌っていて自分でもよく飽きないものと思う。余程、ここが気に入ってるんでしょうね。川上会長さんの著書に、「リゾートとは日常の生活から完全に切り離した処にあるべき」とあり、僕は何処か本物を感じてここで歌ってきた。本来なら当時はまだ本島にもいい場所が沢山あっただろうに、わざわざ小浜島に作るとは凄いとね。でも十三年も経つと少し見えてきた。「端っこは土地が安かったハズ…」。ま～このことは置いておこう。

　はいむるぶしは、島の集落から二キロ程離れた処にあり、一線は引きつつも、亡くなった山本靖房さんというオープン以来からのはいむるぶしの「主」の考えで共存共栄が常にテーマにあって、いい形が出来てきたようだ。山本さんはよく言ってた「島があって、次にはいむるぶしですよ。その辺は大事にしてくださいよ」。この言葉が全てなような気がするな。

　時代とともに島も変わり始め、もうすぐゴルフ場も出来る。そんなこんなで外からの流れが島にやってくる。「ちゅらさん」さえもただの風として無口にやり過ごした島人。内地からやってくる流れはその企業や人が内側で責任を果たしていかなきゃね。もちろんボクもその一翼として。「島があって、次に…」を大事にしたいものです。一度、来て見てください。小浜島。そしてはいむるぶし。

二〇〇一年十二月

農業一年生のボク

今年はどうした事か一月に岩崎草ゼミは鳴くし、二月の後半は夏のような日差しでキビ刈りはデージなってる。デイゴも二週間は早く咲き、北風の寒さが殆どない冬でした。それでもまた忘れた頃に冬に逆戻りするのではと疑っていたが、「もう、春だハズ。ホレ、見てごらん。春の草に変わってるでしょう」と同年の島人が言う。よく見ると確かに春の緑色の草がキビ畑の周りにいっぱいだぁ〜。日頃、居酒屋に入って、生ビールが「どうも発泡酒じゃないか、これは」などと、小さいことに一喜一憂な僕にはカッコいい言葉であった。

そんな異常な二月。初のつちだきくおのキビ畑の収穫が順調に進んでいる。素人だから、畑の主にサポートしてもらいながら、今、汗流している。一昨年の夏、植えたキビたちも台風に捻じ曲げられながらも育った。中に踏み込むと植えた時の空気はない。本当にこの畑？と思いたくなるほど、ジャングルのように鬱蒼となっている。手入れが島で一番悪かったから、しょうがない結果ではあるが、凄い状況になってる。とりあえず「畑の主」だから一人で刈る準備のため畑に入った。ハブの出やすい畑らしいので、足もとに気を付けて、分け入った。五分後には首をムカデにやられた。痛いし、どうしていいか解からず困っていたら、オジィが通りかかり、事情を言うと、クワズイモの汁をつけてくた。見事に治った。手入れの悪さの罰がもう表れた。何人かのボランティアに助けられながら、毎日、朝八時から夕方五時までみっちりキビ刈りやって、夜は、はいむるぶしでコンサートの日々が続いてる。鎌を持ち、慣れない筋肉使い、手は痺れ、それでも、ギターをやっと弾きながら、日々過ごしている。もう楽しみは十時と三時のナカユクイだけ。「主がキビは倒さんといかんさ〜」と言われながら厳しい暑さの中、ヘロヘロの日々だ。でも評判がいいさ〜。要領悪いが精一杯がいいって。もう一つはチャウキの豪華さ。アイスキャンディーが大好評。主はユクイの前に用意するんだな。オヤツや飲み物。とりあえず、今年はそれに賭けている。キビが終われば、黒ゴマの植付け。一流の農業のプロたるオジィに少しづつでも近づくための日々やってます。キビ刈りはストレス解消になるよ。
　人相手の商売には、来年もキビ刈り体験希望者募集します。飛行機代、宿泊代はそっち持ちという条件は付きますが…。でも今年、八人来てくれましたよ。がんばるさ〜。

二〇〇二年二月

第三章　島人《しまんちゅ》

宮古島の摩訶不思議なシンガー

ジョルジュ。この不可解な名前の主は、宮古島に住んでいる根っからの宮古人である。本名、年齢は不明。宮古の顔で、ギターを弾きながら、原色の衣裳にストローハットのスタイルで島を歌う変わった人である。母親のペンフレンドの友人で、北欧の人の名前を見た時、これだ！と思い芸名にしたらしい。

彼との出会いは、一九九六年、宮古島へ「黒潮ルネッサンス」のキャンペーンに行った時まで さかのぼる。その暖かい笑顔と、周囲でサポートする笑顔の音楽仲間に、沢山の友人、知人。「奴はいいやつさー」。僕の歌のファンにもなってくれた「宮の華」の下地盛良さんの一言を聞いて、何やら僕もオッカケがしたくなった。

それから一年後、毎年恒例のホテル阪神での僕のディナーショーに、ゲストとして来てもらうことになった。お客さんは、彼のことを誰も知らない。「ご紹介します。宮古島からのスペシャルゲスト、ジョルジュです」。

どこか半信半疑な客席の拍手の中を登場して、いきなり歌い始めたジョルジュ。途中のお喋りで「はい、ジョルジュでございます」と声を出した途端、その名前と姿のギャップ、そしてその人なつっこいキャラクターに、会場からすごい拍手が沸き起こった。コンサートの後には、彼のＣＤを買い求めるお客さんの長蛇の列ができた。

それ以降、小浜に招いたり、宮古に招かれたりと交流が深くなってきている。末っ子美空ちゃんにとっては、クマのプーさんのように優しい人柄のジョルジュ。彼の歌に、今度は僕もハマり始めている。

摩訶不思議なシンガー、ジョルジュ。一度聴いてみてください。

一九九八年一月

格好いい！

島々を結ぶ船の往来は、観光客の増加もあって、かなり増えてきた。十年前は「トロピカルクイーン」や「ひるぎ2号」などのゆっくり系の船が多かったが、今では「サザンクロス」や「サザンドリーム」といった、時速七十キロも出る船が主流となった。

でも、船長さんたちは変わらない。常にサングラスをかけてるとか。たまに、レンズを拭こうとして外すと「逆パンダ」のように、目のまわりだけが白くなっている。笑いたくもなるが、見かけはこわい、シーサーチックな人たちなのだ。でも、喋らないところが格好いい。必要最低限しか口を開かない。助手の人には、サングラス越しの視線とアゴで、指示を送る。

いつだったか、「今年はいつまでも寒いね～。おっかしいさ～」と、知人らと喋っていると、そばにいた船長は「旧暦はまだ二月だのに、冬はまだ終わらんさー」と、説得力のある低い声で話してくれた。う～ん、格好いい。

石垣島と竹富島の間は、そこだけリーフの自然の防波堤がないから、冬に北風が吹く時は、船はジェットコースター状態になり、初体験の人はキャーキャー。ひどい日には、慣れた僕でも両手に力が入る。しかし、船長は、サングラスをピクリとも動かさず、鼻歌でも聴こえてきそうな背中で舵をとり、ヘトヘトの乗客を「はい、どうぞ」と、何ごともなかったように、下船させる。これまた格好いい。

南島詩人・平田大一の小浜島での結婚式の日、ちょうど、台風が近づいていたのだが、それでも式を決行することになった。石垣港で、式に参加する人たちがシケを心配して、「大丈夫かな～、行けるかね～」と船長に尋ねると、「行ってみらんと、わからんさ～」。その瞬間、その場の人が皆いなくなったとか、ならなかったとか。これも、何だか格好いいエピソード。結局、勇気ある人たちは、無事に結婚式に参加することができたのだった。

船長は安全に、そして無口なサングラスで今日も海を走っている。

一九九八年四月

夏休みのロビーコンサート

夏休み、全国から沢山の人が沖縄、八重山を訪れる。小浜島のはいむるぶしも例にもれず、毎日、満室状態が続く。僕も最近は島外活動に本気で取り組んでいるのだが、さすがに夏のトップシーズンは、はいむるぶしのロビーコンサートに力を注ぐ。

「リピーター・アンド・顧客」という言葉が、ホテル業界にはあるらしい。何度も訪れる人をリピーターと呼び、ある程度の線（その回数はまちまちらしい）を越すと、顧客と呼ぶらしい。（基準は各ホテル異なるそうなので、あしからず。）

リピーター、イコール、八重山病患者とまでは言えないが、結構近いものがある。リピーターには家族連れが多く、毎年、夏の同じ時期にやってくる。どうして毎年来るのかというと、「今年も行こうよパパー」と、子供たちが言っているらしい。

はいむるぶしにとっては有り難いことだが、ロビーコンサートをやっている僕には辛いものがある。夜八時、コンサート開始。でも、誰もいない。日没が遅いのと遊び疲れて夕食の時間が遅くなり、みんなまだ食事中。でも、二十分もするとリピーターの子供たちが食事会場から駆け出して来て、僕のステージのそばに近づいてくる。

ニヤニヤしながらモニタースピーカーに耳をあてて、こっちを見る子や、ソファをマット代わりに飛び回る子供などなど。ステージから叱ると、「ワーイ」と言って食事会場に戻って行く。しかし、五分もしないうちに、また別の友だちを連れてやって来るのだ。もうお手上げ、フラフラである。

「オモチャのチャチャチャ」改め「ヤモリのキャキャキャ」という僕らしくない曲は、そんなリピーターの子供たちの対策用の歌として、必然的に生まれた。

「ツーちゃん、また来年ねー」と、帰っていく子供たち。辛いけど、憎めない。リピーターの子供たち。

一九九八年九月

しのぶが帰ってきた日

今や小浜島と言えば、内地ではダ・パンプのしのぶの故郷として有名なのだそうだ。宮良しのぶ。小浜中学校出身。沖縄アクターズスクールに入り、今やダ・パンプというメジャーグループの一員。えらい人気だそうだ。

僕の前に、はいむるぶしで歌っていた藤吉天舞という男がいる。彼は古巣の九州に戻らず、島人になる決意をして、小浜島の細崎の集落にある、画家・秋野いさむ氏が住んでいた、八角形の変わった家に住みながら、しばらく小浜中学校の臨時講師として、音楽や芸術関係を教えていた。その時の生徒の一人に宮良しのぶがいたのだ。

藤吉は一年間で一曲ギターで弾き語りができるようにと、型破りな音楽の教え方を試みていたらしい。彼が尊敬するのは、矢沢永吉。子供たちに覚えさせた曲は「スタンド・バイ・ミー」。中学生たちにとっては、キラキラの毎日だったらしい。（あくまで、通常の音楽授業の余った時間でのことだったらしいが）しのぶは、それにハマってしまった一人だった。毎日、僕が学校に寄贈したギターを持って歌いながら帰宅していた。あまりに下手だったので、「ヘタクソー」と、笑いながら声をかけると、彼はニヤッと笑いかえした。

ある日、家族全員が僕のファンだというお客さんが、はいむるぶしを訪れてくれた。終演後、CDにサインなどしていると、仕事で小浜島に戻っていたしのぶが、「土田さん、お久しぶりです」と、挨拶に来てくれた。「ダ・パンプのしのぶ君です。応援して下さいね」と紹介すると、今まで、沖縄のミュージシャンで、僕ほど好きになった人はいないと言い切っていたのに、「キャーッ」と言って、みんなしのぶに群がっていった。

一九九八年九月

添乗員は元気な八重山病

二十年前にオープンしたはいむるぶしは、当時内地のお金持ちが集まる超高級リゾートであった。しかし、時代の流れに合わせる決断を余儀なくされ、今では、一泊滞在の団体旅行客が、その大半を占めるようになった。夏はそうでもないが、冬は団体の人たちでいっぱいになる。僕自身のステージも、お客さんの層に合わせる必要もあり、流し目のつちだ、小浜島の杉良太郎と呼ばれ、ネーネーたちのアイドルである、と思う。じゃないかな？

団体旅行で必ずいる人、それが添乗員さん。ツアーコンダクター。ホテル用語ではＴＣと呼ぶ。主に女性が中心の旅先案内役の人たち。制服に関しては、もう少し派手でいいのではと、個人的に思うのだけど、きちんとしている人が多い。専業でやってるような人もいれば、アルバイトの人もいるようだが、この添乗員さんの元気さには、いつも感動する。

はいむるぶしのロビーコンサートは、僕の島内案内的講演会に近いところもある。添乗員さんたちの口コミもあって、毎夜、立見が出る。僕の話をメモしている添乗員さんや、港からはいむるぶしまでの五分間のバスの中で、僕の話のネタを喋り、最後に、ロビーコンサートを必ず聴くようにとプレシャーをかける人。コンサート前にツアーのお客さんの席を確保している人などなど、僕にとっては、とっても大事な存在の人達でもある。すごい人になると、事前に電話をかけてきて「何月何日に行くんですけど、まさか休みじゃないでしょうね」と、僕本人をおどす人もある。月に何度も通うので、やはり仕事とはいえ八重山病患者になる人も少なくない。みんな僕のCDをもっている。これで最後のはいむるぶし添乗ともなれば、スタッフで送別会を開いたりもする。それほど身近な添乗員さん。いつも三拝云!

一九九九年二月

群星エイサー隊

ゲストに日出克を招いての二年前の黒潮ルネッサンス。その時、彼のまわりを囲んでいる太鼓集団も一緒に来島していた。琉球國祭り太鼓石垣支部(?)だったかな。沖縄の他の地域と比べると小さな組織ということだったが、小浜で四十名も集結すると、オジィやオバァも驚嘆のまなざしだった。獅子舞いで登場した時には、感動の拍手まで起きたものだ。

実はその中に、はいむるぶしの内地人職員が、好きで始めたエイサー隊が混じっていた。スタッフの結婚式の余興に何かしようというところからスタートしたらしい。

メンバーは十二名。レパートリーは「ミルクムナリ」と「シーシーゴンゴン」だけ。指導者は、琉球國祭り太鼓の市販されているビデオ。あーじゃないこうじゃないと、沖縄人からは出てこない、型破りな発想で練習をやってきた。そして、憧れの日出克との共演。ボルテージが上がらないはずがない。以後、イベントの度に「群星エイサー隊」は、島内で頭角をあらわすことになる。

先日、竹富町老人会三十周年式典が小浜島で開催された時にも出演して、老人会の人たちから「上等！偉いさー！」と褒められた。「偉いさー」がどんな意味なのか不可解だったが、町内を支配下に置いたことになる。とはいっても、石垣島には濃さと練習量では歯がたたない双葉青年会のエイサー隊がいるし、その先の沖縄本島にあるのは、すごいエイサー隊ばかりだ。

六月十九日、僕の東京・銀座でのコンサートに日出克をゲストで招くことになり、エイサー隊のメンバーに「内地でデビューする？」ともちかけたら「是非」ということになり、東京デビューが決まった。さて、どうなることか。おかげで毎晩遅くまで、太鼓の音が島に響いている。

一九九九年六月

ポッキー焼け、オジィ焼け

月桃の花の季節も終わり、そろそろ夏至南風（かーちばい）らしき風が吹き始めた。カラ梅雨だったなぁと、作物への影響が少々気になる八重山である。

夏になると、マリンレジャーが盛んになり、昨冬発表された今年流行の水着がビーチに花咲く。それを浮かれたサングラスが笑って見ている。そして夜、診療所の先生が大変になる。ほぼ九十度の角度から降り注ぐ太陽を甘くみて、身体を焼くから、熱射病やひぶくれで、連夜、内地からのビジターが運び込まれるのだ。マリンブーツをはいて遊ぶ人たちには、「焼く時にはブーツ脱げよー。ポッキー焼けになるぞー」と注意する。ポッキー焼けとは、身体全体が日焼けしているのに、マリンブーツの跡がクッキリ真っ白に浮かび上がるもの。夕食時、サンダルばきだと、とってもみっともないのだ。まぁ、これはどこでも起こりそうな話ではあるけど。

さて、島のオジィの日焼けは、夏も冬も関係ない。年中真っ黒である。クバ笠をかぶっていても、やっぱり黒い。正しい島のオジィの肌色の型は、アンダーシャツから上は真っ黒、腕は露出した部分だけが真っ黒で、てのひらだけが白い。短パンなどは農作業とシーサーチックな顔の関係上、はけないから、どうしても長ズボンの作業着に長靴となる。だから足は真っ白なのだ。「これで温泉に入ったらよー、みんなびっくりして近づかんさー」という体験談を聞いたが、何となく想像はつく。

今年は僕も焼きたい気持ちで、泳ぎながらゆっくりと焼いている。何故かそんな年は台風が多い。カラ梅雨だったたし、少々不安である。日焼けほどほどにしましょうね。

一九九九年七月

Ｋｉｎｋｉ　Ｋｉｄｓ来島？

昔から、テレビによく出てる芸能人がお忍び（？）で、八重山に来ることが多い。ＮＨＫに慣れ親しんできた八重山人にとって、華やかな芸能界はどこか違う世界だったので、見かけても別に盛り上がることもなく、彼らにとっても落ち着ける場所だったに違いない。

民放が映るようになって、芸能人の数も少なくなってきたように思えるが、先日、島中の女性たちが大騒ぎをして、島中をおっかけまわした芸能人が来たらしい。「Ｋｉｎｋｉ　Ｋｉｄｓ」である。実際に出逢わなかったけど、確かに来島していたようだ。何でも雑誌の撮影が目的だったとか。

どこかの奥さんが「Ｋｉｎｋｉ　Ｋｉｄｓが来てるサー」と叫んで、島中に公民館の拡声スピーカーよりも早く広がり、主婦暴走族？　の車が、ブーンと我が家の前を東へ西へと走り抜けていった。十代の女の子たちが、キャーキャーおっかけをするんだったらまだしも、一般の主婦たちが、ワァーワァーおっかけまわすのは、何とも言葉にならない。こっちの丘、あっちの浜と移動するＫｉｎｋｉ　Ｋｉｄｓはじめ撮影スタッフたち。おっかけたちもその後を探し回ったらしい。夕刻の石垣行きで帰っていったそうだ。噂で動き回ったおっかけたちのほとんどが「会えんかったサー」と口々に言っていた。「あせりは禁物」だったようだ。

撮影隊の失敗は、定期船で石垣へ戻ったことであろう。親戚が沢山石垣にいる人に電話で情報は流れ、ＫｉｎｋｉＫｉｄｓは石垣でもみくちゃになったとの後日談も伝わってきた。やっぱチャーター船で動かなきゃね。

ＫｉｎｋｉＫｉｄｓが帰った夜は、島中がその話で盛り上がったようだ。彼らを知る人も知らないオバァも巻き込んで。

二〇〇〇年二月

故・山本靖房考

山本靖房さんは、はいむるぶしを作った人。山本さんは、副支配人らしくない副支配人だった人。山本さんは神戸出身、きつーい関西弁で、訪れる人、小浜の人、はいむるぶし従業員もかたっぱしから関西弁に変える能力を持った人。山本さんは九七年六月、五十二才という若さで急に亡くなった人。没後、沢山のお客さんがお墓参りにやってきた。

二十六年前からはいむるぶしオープンのためのスタッフとして、当時、大和人のほとんどいない小浜で、活躍しニコニコ顔で関西弁で、小浜の人の中で暮らしてきた。僕が初めて小浜島にやってきた十四年前の初夜、「あんたかいなー、今度来たタレント（当時はそう呼ばれていた）さんは」と、気さくに話しかけてきて、いきなり歓迎会となり、以来ずーっと一緒に飲んでいた。いつも酔うちょっと前に、はいむるぶしと小浜の人との生活の共存共栄のありかたを話していた。

特に島の行事の時などは、はいむるぶしで働く島の人達は、公休となるように段取りをつけ、企業論理よりも、島文化優先の発想でいる人だった。だから出世はしなかった。ずーっと副支配人。奥さんは小浜出身、二人の子どもがいる。僕も色々教わった。島の人の想い、将来像、入ってはいけない御嶽、とどめは、どうやったら上手く女子寮にうまく忍び込めるか、などなど…。兄貴のような、オヤジのような、主だった。

お客さんや地元の人の勧めもあって、彼の歌を僕が作ることになった。ヤマハの関係者なのに、いつもホンダのカブに乗り、黄色いヘルメットをかぶって、はいむるぶしの園内、そして島内のパトロールをしている背中を歌った「黄色いヘルメット」をサードアルバムの「タピスカロイ」に入れた。

スタッフらは園内に追悼碑を作った。命日にはその碑に大好きだった「くら」という銘柄の泡盛が供えられている。

二〇〇〇年八月

コバルトコーラス隊

二年に一度の学習発表会という催しが小浜小中学校で先日行われた。子供達が中心になり「ごみ問題」、「小浜の昔話」、「バンド演奏」など、発表が続いていたが、演目に「コバルトコーラス」という、見慣れない文字がある。何だろうと登場を待つことにした。出てきたのは、PTAの面々。白と黒にまとまったコスチュームで、さっきまでキビ刈りしてたとは感じさせない雰囲気で緊張している。コーラスをやるようだ。

後日談だが、発起人は、この風貌で音楽家そして、教頭とはと疑いたくなる（失礼）川崎先生らしい。恐らく強制的に、PTA文化部部長夫妻やその周辺の父母を、会員に抱きこみ、ついでに教職員にも「ご父母が頑張ってるのに…」などと、脅しをかけ、発足したと思われる。およそ、歌とはご縁のないメンバーだが、コツコツと川崎先生が指導した甲斐あって、半年でこの大舞台に立つ事になった。

川崎先生は友達に宮永英一氏など、DEEPな沖縄音楽界の重鎮が多く、ステージング等どこかプロフェッショナルなアイデアを持っている人。そんな眼で、僕もコバルトコーラス隊の第一声を息を呑んで待った。しーんと張り詰めた空気、親を見つめる子供たち。川崎先生がピアノの前で一礼。椅子に座ってと思っていたら、突然左手をさぁーっと十三名の中の女性ソプラノに向けた。このタイミングと笑顔の練習をとことんやったと思われるソプラノの「ハロー」つづいて男性テノールの「ハロー」。なんと四重唱で、片手を前に差し出し、満面の笑みで。これには、子どももじーちゃんもばーちゃんも、もちろん僕も腰が引いたが、完全に会場は釘付け。立て続けにに二曲歌うメンバー達。普段は会場を走り舞う幼児たちも金縛り状態で、終わった時の拍手の凄かった事。川崎先生はニヤリ。メンバー達は、安堵の表情。最後は全校生徒とコバルトコーラス隊の合同演奏。ブラボーであった。

「一回切りのサークルさぁー、これで解散します」と川崎先生。いやぁー違う。きっと何かまた企んでいるハズ。気をつけろ父母のみんな。発表会の後、川崎先生と竹富町の企画の人がヒソヒソ話をしてたらしいよー。なにはともあれコバルトコーラス隊のみなさん、感動をありがとう。

二〇〇一年二月

青年失業家

もう一〇〇篇を越えたこのコーナー。小浜島の風を届けるべく「原稿まだ？」という担当者からの定期便の恐怖の催促に立ち向かい続けております。でもね、ネタが無い時もあるさぁー。

島の事に限定してのコンセプトがテーマなのだが今回はちょっと冒険。僕の大好きな沖縄人いや佐敷人を紹介してそこから見える風を感じてちょだい。

津波信一といえば佐敷人。通称、青年失業家。と彼の名刺にある。マルチタレント。RBCのユンタクサンデーでご一緒しただけのお付き合いではある。さて二月より、小浜島のはいむるぶしのロビーコンサートのステージに僕の島外活動のため、ステージが空く時に日出克が替わりに歌ってくれてる。最近は城間健市も加わり、そのステージを八重山の音楽シーンの殿堂にしようと、酒の席で決まって何故か実現した。そんな事もあり、打ち合わせと称して日出克と本島で飲む機会が多い。

そんな中、ある有名な民謡酒場に二人で入ったら、流石に日出克。まわりから注目され、ワイワイ横で盛り上がり寂しくしていた。すると、どこからか「タピス～カ、ロ、イ～」という歌が聴こえてきた。僕の歌を生で歌ってくれてるのは誰？　と振り返ると津波信一。一回しか聴いてない、それもテレビの収録での一フレーズを歌ってくれてる。僕に気が付いての憎い演出。結局合流して大盛り上がりとなった。

ヤブレナイチャーと呼ばれている僕の素も出てきて、ちょっと引き始めた日出克に強制的に「ミルクムナリ」を歌わせ、いつの間にか信ちゃんに誘われるがまま、酔っていてもちゃんと靴脱いでステージにあがり「平田大一ごっこ」とタイトル付けてふたりで「ミルクムナリ」を踊っていた。大一とは程遠い足の上げ方で。「小浜に歌うたいに来てなー」と別れ際に一人叫んでいた僕だったようだ。歌手津波信一の誕生は近い。

二〇〇一年四月

大岳会《うふだきかい》

島の高齢化最前線は変えられないもの。若い島人が帰って来ても仕事も少なくしょうがないのが現実。でも嘆いてばかりもいられないと立ち上がったのが泣く子も黙る？「大岳会」。六十代から七十代の主婦？が中心になって八十代以上の一人暮らしのお年寄りのデイケアをやっている会。島の中央にある「ふれあいセンター」をベースに色々と活動している。食事会、ピクニック、ｅｔｃ…。とかく孤独になりやすいお年寄りをみんなで励ましている。そして年間活動の集大成が春開催される。それが「三月遊び」だ。

いままでは困った時の平田大一がいてくれたが、彼も今は勝連町のきむたかホールの館長をやっていて島に居ないので、会の司会協力が何故か僕に廻ってくる様になった。「またお願いね～」で全てが決まる島の流れ。今までの記録ビデオを三本見ながら当日の流れを考えていて思ったのは、亡くなっている人が殆ど居ないこと。かえって今の方が若く見える。やはりやる気と練習がそうさせるんだな～と思う。前日にリハーサル。当日は昼からのイベントながら、朝八時には皆、公民館に集まってる。化粧時間がかかるからだ。

九十四歳の長刀の舞、九十六歳の三線弾き語り、八十歳の新会員がまだ入る余地がないほどの役者揃い。司会者としても熱が入る演題が続く。三時間近くの公演を終え、打ち上げ食事会。そして恒例の解散時の「この下着は誰のね～」と叫ぶ声。

後日、はいむるぶしのエイサー大会に、大岳会に引率され見学していた九十代のお年寄りに「ミーハイユー土田さん、来年もよろしくね～」と言われ、ユンタクしてたら、「来年はよ～。これやってみるかね」と、舞台に舞うエイサー隊を指さした。大岳会の人も僕も「そりゃいいさ～」と言いながら、目が点になっていた。

二〇〇一年七月

シンチャンマン登場

十三年も小浜島のはいむるぶしで歌を歌っている僕だが、此処ばかりではなく島外活動も月に一回やってる。三日間ほど留守にする事になるのだが、僕がいない時、そのはいむるぶしのロビーコンサートを休むことも出来ず、日出克さんや城間健市さんにわざわざ那覇からきてもらって代理をやってもらっていた。

そこに救世主のように登場したのがシンチャンマン。ふっくらした体、髭面だけど、愛らしい笑顔の彼は九州時代の後輩。「師匠」と僕を呼ぶ、何か間違った男。東京で活動していたが、十四年前、はいむるぶしで二ヵ月間歌った経験もあり、ひょんな再会で、今年七月に一週間僕の替わりにここで歌った。それが八重山病の再発となり、九月には僕と同じ様に島に引っ越してきた。見かけはゴッツイけれど、何処か童顔で、声も高くて繊細な雰囲気を持っている。だから旅のネ～ネ～達には、ウケがいい。きてすぐ歌手業は厳しい面もあり、小浜島の風を背中に吹かせてステージにというテーマで何と、はいむるぶしの農園のアルバイターになってもらい、毎日、ダイエットを兼ねて、汗流して、夜は師匠らしいボクのステージにゲスト参加という形で頑張っている。

「ここはつちださんの十三年の空気がありすぎてやりにくいですよ」と日出克さんも少々戸惑っていたはいむるぶしのロビーステージ。弟子のシンチャンマン如きはもっと苦しむだろうと様子をみていたが、コイツ一発でその空気を吹き飛ばした。なんと、昼間の仕事、農園マンの作業ネタを武器にし、太郎と花子という二頭いる水牛ネタを中心に聴いてる人のココロをグッとつかんで歌っている。朝、夕の水牛池から牧草地までの移動が彼の仕事でもあるが、その話題でめちゃくちゃ盛り上げてる。今じゃ、メスの花子にまたがり、太郎を綱で引っ張って颯爽とカウボーイのようにお客さんの前を通り過ぎる。それも夜のコンサートの序幕という意識を持ってネ。「夜、コンサート来てね～。水牛と記念写真撮ります?。ボク、シンチャンマンって言いま～す。シンチャンって呼んでくださ～い。宜しく」だって。

いつかRBCラジオのイノー通信にも引っ張り出しますね。お楽しみに。ただ明るいからな～。パーソナリティー交代なんて事になってもなぁ～。恐るべしシンチャンマンとの日々が始まっております。また遠くから大きな声で「師匠!」と叫んでやがる。あ～恥ずかしい。

二〇〇二年一月

第四章　「ちゅらさん」

「ちゅらさん」がやってくる

ＮＨＫの朝の連続ドラマといえば、国民的番組で、その視聴者数はスゴイときく。実際民放が映る前の島では、その番組を見ない人はいない状況だった。個人的には「君の名は」とか「すずらん」とか、見られない日は、イライラしてもいた。

その朝ドラの来春からの番組名が「ちゅらさん」。まだ詳しいことは伝えられてないが、その舞台が東京、沖縄本島、そして小浜島となったそうだ。十一月からロケが始まるらしい。「やった〜」と喜ぶ声が聞こえてくるが、僕はちょっと手放しでは喜べない。番組の影響の大きさを考えると、小浜島を知らない人達がその映像のイメージばかりで小浜島へやってきたら…と思う。

で、つちだきくお的シナリオを勝手に考えてみるに、主人公以外は、現小浜島民をキャスティングして、小浜語バリバリで、少し素人っぽさの残る、たとえば「ナビィの恋」の英語まじりの登川誠仁さんの、あの照れ隠しの口調のような、画面下に字幕スーパーが出たりして、公民館長、青年会長等、実名本人が登場、歩行車を押すバァちゃんたちのシナリオにならない突発的なご発言もそのままオンエア。こうもり、ヤモリも特別参加…。などと考えますね。ディレクターだなぁ。もちろん、ぶがりのうし（お疲れなおし）も、半分隠し撮りに近い状態で、ボルテージの上がった頃を狙い、手に持つビールも堂々と、公共放送ではあるけれど、オリオンビールの名が見えるように。ただサミットバージョンは、時代設定と合わないからひかえる。まあ次々と出てきます。でも、これじゃドラマにならないなぁ。

まぁNHK制作の関係者のみなさんが少しでもその辺入れてくれたら嬉しいですね。

「ちゅらさん」もいい番組になるといいなぁ。

二〇〇〇年九月

俳優になる

来春四月から始まるNHKの朝の連続ドラマ「ちゅらさん」。物語の舞台が小浜島になり、そのロケがキビの花の咲き始めた十一月下旬始まった。幸い島のオジィやオバァ、子供たちが沢山エキストラとして参加することにもなり、嬉しく思っていたが、島民ほとんどエキストラという流れは僕にまで飛び火し、小浜小学校の主人公・古波蔵恵里の担任教師の役がきた。

日頃、番組の後の島への影響に少し悩んでいたこともあり、考えさせてもらうことにしたが、NHKのディレクター氏の「いやぁ、金八先生みたいでいいじゃないですかぁ」という一言に、日頃、武田鉄矢によく似てると言われるたびに落ち込むこの人が、妙に気が楽になり出演することになった。

五十名ものスタッフの中で、照明を浴びてセリフを喋るのは汗ダラダラ、チムドンドン。方言指導の藤木勇人さんも心配顔。「笑顔ですよ笑顔～」と、彼に励まされ、どうにか終了。体育、国語、社会、音楽の時間を担当し、慣れないオルガンで「まっかな秋」を弾いたりした。

事前に持っていた衣装は、ことごとく八十年代初期の時代設定に合わないと却下され、ストライプのポロシャツにジャージをはいて、白い靴下に草履ばきという「ださ～い！」格好で情けなかったが、終了後みんなから「初めてじゃないでしょう？」とか「先生以上に先生らしかったですよ」などと言われ、また凝りもせず十年後、銀幕のスターになっている自分を少し思い描く、脳天気なつちだきくおになっていた。

まだまだロケは続いている。

二〇〇〇年十二月

「ちゅらさん」が始まった

さぁー四月。世の中　正月よりも見た目にも大きく色んな変化の露出する四月。小浜島も新しい先生、駐在さんなどがやって来た。「今年は多いさー」と教頭先生が喜んでたが六名もの新一年生が元気に入学した。そしてそして四月二日よりＮＨＫの朝の連続ドラマ「ちゅらさん」が始まった。

ハラハラ、ドキドキしながら、八時十五分を迎え、オープニングの映像がバーンと映った瞬間。「小浜じゃないさぁー」とはうちの子。どうもケラマ諸島近辺の無人島のような島が出てきた。ま〜いい、次いってみよう。出演者のテロップが続く中、出たぁー「先生　つちだきくお」の文字。でもいかんいかん、僕の字よりそれも下に書かれている「小浜島の皆さん」の文字が小さい。小浜的には公民館、小浜婦人会、小浜青年会等々、細かく詳細を載せるのが常。あ〜小浜老人クラブがない…。などと一人短時間で情報分析、対処法まで、字幕スーパーでさえ大いに盛り上がっていた。だから一週間が長かったね〜。

ビデオがない我が家としては瞬間の勝負？　となった「ちゅらさん」視聴。先生として教壇に立ち、セリフいってる自分が別人のようだった。ただ二十数年前の先生のダサいポロシャツとジャージ、白い靴下にトイレサンダル姿が辛かったな〜。僕の用意した衣装はすべて不合格で衣装さんの用意したものでの、ロケを思い出した。テレビに映った日の電話、ファックス、メールは今世紀最大の稼動率となり、凄い反響だった。Ｓ氏より上手とか、俳優になってしまったんですか？　とか…。ちょっとしかそれもセリフ付きエキストラで出ただけなのに、何故かバラの花束まで届く始末。テレビの力を思い知った。

「ちゅらさん」はこれからも時々このコーナーで、遊ぼうね。ご期待ください。ただあまりにも展開が早くて、十八年を一週間で、小浜の日々が終わったのは寂しかったですね。島の人のモーヤーもちょっとしか出なかったのがね、これからまたロケに来た時にどうでるかね〜。脅かしてはいけませんね。「ジャージの中にシャツを入れて登場とは時代背景をしっかり表現して、さすがです」何がさすがか解からないけど、DEEPなファンもいて、ドライアイと腱鞘炎に苦しんだ楽しい「ちゅらさん」でした。もうオジィたちは過去の事のようにゴマ植えに無口な汗流してる小浜ではあります。

二〇〇一年五月

「ちゅらさん」効果

「ちゅらさん」が四月に始まり、第一週は小浜島が舞台だったので、ドキドキしながら放送開始を待った。「出た〜」小浜のいつもの見慣れたこの道、家、水牛、キビ畑、オジィやオバァetc…。そして遂に銀幕のスター（死語）つちだきくおの名前がテロップに出た。先生役で登場。名ゼリフ「どうせ、先生のは八重山標準語さぁー」もとっても上手。パチパチ。全国からその一週間に二〇〇件を越えるメールが届いた。ただあまりにも展開が早かったな〜。一週間で十八年経ってたもんなぁ。次の週からはメールもピタっと来なくなり、台風が通り過ぎた時のような感じがした。ただ予想以上に宮良忍が普段着の演技で関わっていてくれてて楽しく今も見てるさぁー。子役の子達の名演技は小浜島の別れのシーンを盛り上げてくれたが、その撮影場所が海人の集落、細崎の防波堤だった。この前、釣りしにその場所へいったら夫婦らしき二人、連れの男性がビデオを回し、女性が向こうから走ってきて「結婚しようね。文也くん、結婚しようね…」と別れのシーンを再現しそれをビデオに撮っているという凄い場面に遭遇した。海人たちはその異様さに言葉を無くしてただボーッと見ていた。ゲゲーっとはなったが、「ちゅらさん」効果の始まりだ。

七月放送分のロケが先日また小浜であったが、今度は長男がキジムナー役に選ばれ、撮影に参加した。身体中、真っ赤に塗られ顔も判らないような役柄だったのに、本人幸せそうな顔だ。どうも、国仲涼子さんや菅野美穂さんに「豪君、かわいい~」と言われたらしく、遠くを見つめてニタニタと三日ほどしていた。情けないヤツ。しかしDNAは嘘つかないものだ。長女は国仲涼子と握手したらしく、彼女のコロンの香りが手に残り「いいニオイさぁー」と、こちらも手を三日間洗わなかったらしい。どいつもこいつも…。

「ちゅらさん」効果は我が家も巻き込んでジワジワやって来てるさぁー。「ゴーヤーマン何処にある?」のメールも未だに沢山やって来てる。こっちが聞きたいくらいなのにね。続報はまたいずれ。

二〇〇一年五月

ゴーヤーマン

「ちゅらさん」が始まった時、NHKの朝ドラで過去最低の視聴率と聞き「なんでね〜」と思った。自分の欲目もあるが絶対時代に合ってて全国で注目されていると信じていたから、出端を挫かれた感じだった。個人的には先生役で俳優させてもらいメールも唸る程届き、盛り上がってはいたが、視聴率が何処か気になっていた。

物語の舞台が那覇に移り、小浜島の空気が薄くなり始めるとメールも少なくなり、話題性が無くなり始めていた。その時救世主のように現れたのがゴーヤーマンだった。

「ゴーヤーマン、土田さんならどうにか入手できるでしょう。GETさせてくださ〜い」なんてメールがゾクゾク届いた。あるはずないのにね。その頃から視聴率が段々高くなりはじめ、今では過去最高の高視聴率となった。だからあの海の日スペシャル「ちゅらさん」第一週目の再放送が実現したんじゃないかなと僕は観ている。

山本靖房さんという、はいむるぶしの副支配人で、島の人達にも信頼されていた企業と地元のパイプ役的人物が九十七年に没した時、追悼に作った曲がある。彼が毎日ヤマハのスタッフのくせして、ホンダのスーパーカブに跨り、黄色いヘルメットかぶって、島をパトロールする後姿を曲にした、「黄色いヘルメット」という曲。ゴーヤーマンも黄色いヘルメットなので、登場直後から色んな方面の人々が「運命を感じます」とか「山本さんがあの世からプッシュしてるんじゃないかな〜」なんて意見が殺到した。ゴーヤーマンはどこか僕には縁深いものがあるのかもね。ただ最近「ちゅらさん」のエンディングがヤドカリからゴーヤーマンに替わり、ここにきてゴーヤーマンの絵本が発売されたとか…。ん〜、何かあるハズと、また一人名探偵「ツッチー」に勝手になってるつちだきくおであります。

内地にコンサートに行こうとすると子供に「お土産はいいからゴーヤーマン探してきて〜」といわれてもいますよ。トホホ。縁深いはずなのに何処にある？　ゴーヤーマンのあの人形。

二〇〇一年八月

究極の旅

小浜島は「ちゅらさん」の最終ロケが続いている。これで最後のロケ。先生役の後は校長先生役があるかもと期待していた僕ではあったが不発に終わりそうだ。

旅人たちも「ちゅらさん」で初めて小浜にやってきた人が多くなってはいる。ただ、水着のままで集落を歩いたり、家の庭を主の断り無く写真に収めてる人達が増えてもいて、同じ大和人として見かけたら注意をする事も多くなってきてもいる。

「ちゅらさん」に出てくる約束の木は牧場の中にあるので柵が張られてるが、無断で入る人も多い。エリと文也の別れの桟橋を見つけ、男性がビデオまわし、向こうからエリになりきった女性がドラマと同じアングルで走ってきて、「文也君、結婚しようね～」などとドラマのセリフをしゃべっている変なカップルも出没してもいる。海人はただ唖然とそんなカップルを眺めてもいる。いつしか「ちゅらさんごっこ」とそれを呼ぶようになった。

「ちゅらさん」以外では若いニーニーたち三人ぐらいの旅人がどういう訳か多くなったね。島を歩くことは、自分を小浜の風の中で見つめなおす事といつもいってる僕だから、纏まらず一人で歩けばいいのにとその複数の短い影に後ろから思うんだけど。

先日、四人の青年が島を歩きながらオジィの軽トラックが後ろから近づいてくると親指を高く挙げ、ヒッチハイクの合図を送っているのに遭遇した。オジィはそんなサイン知るはずもないから、止まる事なく、親指を同じ様に出して彼らに笑顔で返し通り過ぎて行った。ただただ四人は口をポカ～ンと開け、暫く石になっていた。その表情は文字に出来ないほど楽しかった。

若者よ歩け、自分の足で。さて、島の究極の旅はそんなオジィの軽トラックを借りる事と僕は思う。命の次に大事にしている軽トラック。そう簡単には借りれやしない。まずはキビ畑で作業しているオジーに声を掛けるところからスタートするしかない。作業はキツイから失礼のないように休憩中を狙おう。オジィにも色々いるから相手にされない時はすぐに諦めるを前提にね。何となく気に入ると「キビかじるか～?」なんて声掛けてくれるかも。それが第一段階。

そして作業手伝ったり、何日か通ううちにココロが通えば、軽トラックを貸して下さいと頼もう。時間と粘りと誠意でね。

以前、軽トラックを借りて、島ドライブしているカップルに出会った。その時、最高の旅はこれだと思った。本当はよくないけど、荷台に立って乗って島を眺めて御覧なさい。どんなに気持ちいいか。

理想的な旅人の軽トラックの乗り方マニュアル。カップルの場合、男性がもちろん運転。白いランニングシャツで片腕をドアーに置き、頭には郵便局で貰ったタオルをねじりはちまきにし、ふちの大きな古風なサングラスを掛け、吸えなくともくわえ煙草で。ラジオは雑音が多いがＲＢＣの「民謡でチュウガナビラ」などに合わせ、鼻歌で真似する。女性は荷台で先頭部分の柵を持ち、真ん中に立つ。バックミラーが見えなくても気にしない。帽子はツバの広い出来たら麦わら帽子。それを手で押え、ノースリーブのワンピース、出来たらドット柄（昔は水玉模様と言ってたが…）すそがチラッと跳ね返り誰も見てないのに慌てて、手で押えるとグー（いかんいかん、おじさんモードが出てる）。そしてデコボコを通る度にきゃあきゃあ言って跳ねる。もちろん速度はオジーの速度、時速十五キロメートルを厳守。そんな風景がいいね〜。

さ〜読者のみなさんトライしましょう。究極の旅。ただヤギや牛の視線はこばかにしてるようで、冷たいけど、気にしないでね。

ちゅらさんのその後　PART3

八月下旬、「ちゅらさん」の最後のロケが終了した。心配した台風にも邪魔されず、無事に終了した。出演者もスタッフもみんな帰ってしまうとなんとなく淋しいもんです。第一週放送分で、先生という役で俳優？　デビューしたからには最後は校長先生でしょうと多くのファンから激励されて「いいかもしんない」と吉報を待ったが儚く夢は破れた。でもそれはそれで楽しませて貰いましたね～。

ところで「ちゅらさん」グッズ、特にゴーヤーマンものは凄い売れ行きでしたね。今でも欲しいとの問い合わせが僕にもきてるが、そろそろだぶついてきたんじゃあないかな？　番組のエンディングもヤドカリに戻されたしね。最終回以降の安売りがありそうな…。

小浜島の唯一の喫茶店・ヤシの木がゴーヤーマンTシャツを発売しているぐらいが島での試みで、あまり商売気のない島の人達。はいむるぶしにも「ちゅらさん」グッズがやっと並んだほど。うちわ、キーホルダー、携帯ストラップ…変わったところでは「ちゅらさん」読本など。そして島唯一の食堂シーサイドでは「ちゅらさん」コミックを発見し、びっくりしたものだ。僕も小太りなキャラでチラッと描かれていた。な～んでもありですね。

そしてインターネットでは「ちゅらさん脇役人気投票」なんていうのがあり一三〇名のそれ

なりの出演者のランキングが載っている。つちだきくお（小浜小学校教師役）。なんと七十五位。息子の豪（キジムナー役）も七十五位。スーパーボールも、ゆがふの常連客の中で一番背が高くていつもかりゆしウエアーを着ているナイチャーのニーニー（えらく細かい）までも七十五位。そうなんです。七十五位、一票の人や物？が百三十位まで続いているわけさ〜。そして気を失いかけたが四十五位になんと水牛の花子がいた。トホホ、俺は水牛以下で、スーパーボールと同等…。読者のみなさん、落ち込むつちだに愛の一票を。せめて水牛以上になりたい。ついでに息子のキジムナーもよろしく。

小浜の「ちゅらさん」観光も毎日続いてる。防波堤を走りビデオに納めてる、第一週の別れのシーンの再現をやってる「ちゅらさんゴッコ」のカップルはさすがに居なくなったよ。

「ちゅらさん脇役人気投票」アドレス

http://multianq4.uic.to/mesganq.cgi?room=powergame

二〇〇一年九月

「ちゅらさん」の影響

「ちゅらさん」も昨年、年末に総集編があり、たった二秒のそれもジャージ姿の出演であった僕がいたな～。沖縄県だけでの再放送も始まったようだが、何で？　と思う。「だいじょうぶさ～沖縄」キャンペーンを考えるなら今こそ全国での再放送をすぐやるべきじゃないかなとね。でも、色々ありの流れなので、しょうがない事なのかもね。

さて、「ちゅらさん」の影響はどうかというと、確かに観光客は増えた感じですね。古波蔵荘、和也君の樹、エリと文也の別れの桟橋…。この三ヵ所ぐらいしか観光客の人達にはないんですけどね。特に古波蔵荘は、主の大盛武雄さん、キヨさんの老夫妻が生活している普通の家で、一日に多い時は三〇〇人が訪ねて来るらしい。撮影当時の面影を残すため、ヒンプンに「古波蔵荘」の看板。記念植樹が庭にある。無口だったキヨオバァも、ご本人が「おしゃべりになってしまったさ～」というように、人の相手が上手になってはいた。記念写真をとの要望も多いので、大変そう。ただオバ～は家の写真が送られてくると、アルバムに貼っていた。子孫にこの家の歴史として残したいとの事。

影響と云えるかどうかは解からないが、小浜糖業の今年の黒糖の袋のデザインが一新された。「ちゅらさん」のロゴは色々あって使用出来なかったから、「小浜島」を商品化しようということで、島の喫茶店・ヤシの木の、はんまけいこさんが描いてくれた、キビ畑に立つ、青年とその横にヤギという可愛いイラストが採用され、小浜島の黒糖という文字が前面に載っているもの。これはすばらしいと思うよ。全体的にいうと影響は少ないかな。「ちゅらさん」を生業にしようとしなかったからでしょうね。もう、「ちゅらさん」如きは「昔吹いた風」かのように、オジィたちも変わらぬ日常の中で無口な汗をキビ畑で流してますよ。ちょっと安心している僕です。さ~、俳優転業の夢も破れた事だし、僕もいい加減に目を覚まさなきゃね。初の自分のキビ刈りが迫ってるしね。製糖工場の煙突から今年も煙が勢いよく出始めた。

二〇〇二年二月

第五章　音　楽

最強のティダ

音楽家でもある私のセカンドアルバム「シンジャの詩」。その中の一曲、「夏」。そのサブタイトルが今回のテーマ。

九五年、九六年と、内地を四十度という熱波の夏が襲った。当時、八重山に来た人たちは、「八重山は涼しいね～」などと、口々に話していた。そんな人に向けて「何言ってんだ。ティダ（太陽）が違う、ティダが」と、意地になって作ったのが、「夏～最強のティダ」という作品である。

夏至の昼下がり、わざわざ道路の真ん中に立って、自分の影が見えないことを確認してニヤニヤしている私だが、そばを通った虫の触覚の形を地面に発見した時、バーッと見渡す風景すべてが詩になったのだ。

飛ぶ虫の触覚の影
白いアスファルトに踊る夏
クバガサに無口な汗、キラリ
オジィの腕に落ちる夏

黒いペンキで描いたような
等身大の影と色と音も
みんな呑み込んで
最強のティダ

八重山、そして沖縄は影一つからでも色んな詩が生まれる、不思議なティダが守る島なのだ。キビ刈りしているオジィ達が、「もの書きの時間があったら、手伝わんか〜」と叫んでいるものだから、ついサングラスとウォークマンをつけて、逃げ回るこの冬が早く終わらないかなぁ。

夏になったらなったで、ティダの下で「暑っついさー」「だっからよー」のあいさつだけになるのだけれど。

一九九七年四月

鎮魂歌「さとうきび畑」

九五年、ラジオ大阪という放送局を通じて、「さとうきび畑」という曲に出会った。

普通の旅では出会えないような内容と、関西では評価の高い「ラジオ大阪笑顔ツアー」。その年は、八重山の旅が企画された。ツアーのテーマ曲として歌って欲しいということで、届いたのがこの曲だった。昔、ＮＨＫの「みんなのうた」で、ちあきなおみさんが歌っていたのを覚えている人も多いと思う。

この曲の作者は、寺島尚彦さん。現在、東京で音楽大学の教授をされている。三十数年前に彼の見た沖縄は、戦争の爪痕だらけ。そして、その帰り道、南風に揺れるさとうきびがカサカサとなる音が、ずっと耳に残り、三年の月日をかけてこの曲が出来上がった。「カサカサ」は「ザワワザワワ」となり、森山良子さんが歌った。それから僕は、「一つのツアーのためだけじゃなく、色んな人に聴かせなきゃ」と思って、歌い始めたのだ。

そして、僕の歌う「さとうきび畑」がきっかけになって、九五年夏、ＮＨＫの衛星放送で「ある沖縄の鎮魂歌」という番組が制作された。その中で作者の寺島さんとも共演することができた。彼の人柄に感動し、できる限り歌い続けようと決めて、はいむるぶしに来る多くの観光客に聴いてもらっている。

曲の途中に一言、そんないきさつを語り、加えて三線を床の間に飾る沖縄人と、鎧、甲、刀を何の抵抗もなく飾る我々大和人の感覚の違いを比べて欲しいという話をする。

昨今の日本の現状を見聞きしていると、腹の底から、そして大地から「平和！」を語れるのは、もう沖縄しかないと思うようになった。「ザワワザワワ」と、今でもさとうきびは泣いている。

一九九七年四月

さよなら酔ｉｎｇ

音楽を生業にしている者にとって、ライブハウスは欠くことのできない強い味方である。那覇市松山の酔ｉｎｇは、長年にわたり、有名無名を問わず、県内外の数多くのミュージシャンの発表の場として、揺るぎない信頼を得てきた。何年か前にはジァンジァンが消えた。今年（九七年）八月、本当に色んな事情があったとは思うが酔ｉｎｇも閉店することになった。

私もまだ日は浅いが、何度も酔ｉｎｇでライブをやらせてもらった。八重山からの電話一本で、快く演奏の希望日を押さえてくれた。

ところで、何故酔ｉｎｇを話題にしたかというと、語り継ぎたいことがあるからだ。日本全国にライブハウスは数あれど、チャージ料（ライブの入場料）を、出演者に全額（！）バックしてくれる店を、聞いたことがなかったからだ。（実際にはどこかにあるのかもしれないが…）

私も初ライブの夜、ギャラをもらってびっくりした。大体店と出演者で分配するチャージ料。それをすべて戻してくれる。オープン以来ずっとである。すごいことだと思う。

閉店のほぼ一カ月前の七月から、酔·ｉｎｇを愛してきたミュージシャンが、想いを込めてファイナルライブが行われた。私も南島詩人の平田大一と一緒に夜中まで精一杯歌いおさめをさせてもらった。

ギャラなどいらないと言ったのに、「最後までスタイルを変えません」といわれた。

酔·ｉｎｇのみなさん三拝云。

一九九七年七月

黒潮ルネッサンス九七イン小浜島

三回目の黒潮ルネッサンスが、九月二十七日に小浜小中学校グラウンドで開催されます。

今までは、島とはいむるぶしが半分ずつ頑張ってやってきましたが、今回からは、自主的に島の青年団、婦人会等の、すべての島の人が中心になって運営します。会場もグラウンドになり、土の香りのする、ほかにはない素敵な音楽祭になると思っています。

この音楽祭のスゴイところは、敬老会婦人部が、自らステージに上がろうとする姿勢です。昨年は、ファッションショー。想像するだけでゾッとしそうな納涼的な出し物をやってくれました。今年はなんと、合唱団をやるそうで、音楽面のプロデュースを預かる僕としては、ちょっと心配です。

タイムスケジュール的には、一組十分から十五分の設定で音楽祭を始めるのですが、ズルズルと遅れてきます。主催者たる実行委員長自らが、打合せなしに、音楽祭半ばのあいさつの中で、隠し持った三線を弾き、歌い始める始末で、予定より一時間は軽く長引くのです。

僕にとっては、司会、裏方、出演と、途中息つく暇もなく進むこの音楽祭。しかし、疲れた後のぶがりのうしで、出演者やスタッフと飲むビールの極上の味を体験した三年前から、クセになっています。

「つちださん上等だったさー」。「楽しかったよー」。「来年も出させて」。「あんた歌うまいさー」。「プロみたいだったさー」。「三拝云」。

島のおばぁたちから、お褒めの言葉をしばらくの間いただけるのが嬉しいですね。ただ、「プロみたい」というところに、八年間、小浜島に住んでもまだ理解されてない悲しみはありますけど。

一九九七年九月

オバァ合唱団in黒潮ルネッサンス

九月二十七日、何故かその日だけ夕方から雨風の強い最低の野外音楽祭日和の中、今年も島の手作り音楽祭「黒潮ルネサンス97」が、小浜島小中学校グラウンドで行われた。スタート時刻の午後六時三十分が、一番風雨が強く、「こりゃ中止かも」と囁かれていたものの、しばらく様子を見ていると、雨も大分やんできて、七時にどうにかスタートすることができた。

十組もの出演者があり、ボランティアの進行係のメンバーが、多忙な中、大トラブルが発生。六番目に出場予定のオバァちゃん合唱団から「三番目って聞いてたさぁ〜。アイ、ウチたちはまだね〜」との声が出始めたのだ。「機材や舞台の流れもあるし…」と、悩んだものの、結局繰り上げての出場となった。「四時から化粧して待ってるのに〜、もう化粧が落ちそうさ〜」。みんながこの一言に何故か納得したからである。

大拍手の中、登場したバァちゃんたち。「安里屋ぬジラン」という歌をうたい始めたその時、第二のトラブルが発生。伴奏の三線とのキーが合ってないのだ。バァちゃんたちのテンションがリハーサルの時よりも高くなっていたのだ。必死でツンダミ（調弦）をするのをよそに、総勢二十名、平均年齢八十八歳は、どんどん加速していく。最後のワンコーラスでやっと三線が追いつき終演。会場からは絶賛の拍手が送られた。関係者一同は「フ〜」と大きなため息。

いつの間にか雨もやみ、遠く石垣島の夜景を眺めながら、次々と個性的なグループが舞台を盛り上げていった。最後を飾る日出克が、小浜口説である「ミルクムナリ」を絶唱し、客席も舞台も踊りの渦と化した最高のフィナーレであった。

フィナーレでのカメラのフラッシュの数はものすごかった。しかし翌朝、新聞各社の記事を見ると、オバァちゃん合唱団の笑顔の写真ばかりであった。それはそれで良かった。何せ毎週二回の練習をず～っとやってくれていたのだから。

一九九七年十一月

キロロとククル

厳冬の北海道は小樽の山奥、赤井川村字常盤というところへ。十日間も歌をうたいにいってきました。千歳空港に降りて外に出たら、マイナス八度。前日、小浜島を出る時は二十五度。なんと、三十三度の差。皮膚が凍り始めたので、バスに急いで乗ると、運転手さんは「今日は暖ったかい方ですよー」。これからの十日間に不安いっぱいの第一歩となった。

二時間半バスに揺られて、もちろんその間の景色はただただ真っ白、辿り着いたのは、はいむるぶしと同様のヤマハリゾート。名前を「キロロ」という。「さぁ、今日から頑張るぞー」

と、バスを降りた瞬間、凍結した路面でツルッ。それからは、常に足の親指に力を入れていた。

十日間のライブで、沖縄の風景を伝える歌を、どこまで聴かせられるかをテーマに始めたのだが、結局一番ウケたのは「安里屋ユンタ」だった。

ある日のステージの後、石垣島の知人によく似た人が話しかけてきた。「ウチナーンチュだぁ」と思ったそのシーサー的な顔だちの人は「私、アイヌです」。その後は、なんでこんなに顔だちが似てるんだろうと、驚きの夜を過ごした。彼は「キロロはアイヌ語で、心という意味なんですよ」と教わった。「沖縄ではククルというんです。キロロ、ココロ、ククル。いい響きだなぁ」と、また乾杯した。

千歳空港でも戦闘機はひんぱんに飛んでいる。北と南、顔も似てるし、一度両方で大イベントをしたらどうだろうと思った。ただし、七月のブチクンしそうな太陽のもとでやりたいですね。向こうは寒いからよー。

一九九八年三月

ウィーンフィルがやってきた

若夏の四月、島のリゾートはいむるぶしは、ヤマハ楽器がその母体という関係もあって、ウィーンフィルのメンバーが訪れた。そして、島の人達へ、クラシックの素晴らしさを伝えようと、急きょ、ミニコンサートを開いてくれるということになって、僕はびっくりした。

ウィーンフィルといえば、その伝統と音色は、世界最高峰といわれる楽団である。その各楽器のマスターたちが、四重奏で、小浜小中学校体育館で、無料の演奏をしてくれるのである。

ところがである、小浜島の文化の流れの中に、ヨーロッパ文化の影がほとんど見えない。コンサートの三日前に、前本スーパーのガラス窓に「はいむるぶし二十周年。小浜島の皆様へ感謝の夕べ・ウィーンフィル四重奏」と書かれたポスターが貼られた。何人かのオバァたちがそれを眺めていた。その後ろを、コンサートのDMを山ほどかかえて郵便局に急ぐ僕を呼び止め、「アイ、つちださん。このウィーン・フィーンは何ね？　太鼓はないみたいだけどよ」と、尋ねられた時、当日のことがとっても不安になった。

当日は、はいむるぶしのイベントも重なっていたので、平田大一に、司会と共演のすべてをおまかせした。クラシックは聴衆のマナーも大切な世界で、とにかく静かにしていなくてはならない。音に対する感性の鋭い小浜のオジィたちは、いいと思うと「シターイ」（いいぞ）と言ったり、指笛で応援する。

当日は三分で幼児連れが退席、オバァに感想を聞くと「皆、背が高いさ～」と、クラシックファンのみなさんなら、気絶しそうな言葉が返ってきた。でも、ウィーンフィルのみなさん、暑い体育館で気持ちよく演奏してくれて、ありがとうございました。中学生はまばたきもせず、じっと聴いていたようですよ。

一九九八年五月

いざ東京へ！

つちだ造語「八重山病」患者増産のための活動は、毎年そのボルテージを上げ、毎夜、はいむるぶしのロビーで、「八重山はいいよー。また帰ってらっしゃい」と訴え続けている。「リピートする人が多いということは、本物なんだ」と信じてきたこの想いが、正しかったとすぐにノボせる僕は、相変わらずの日々だ。

そのきっかけは、大阪だった。大阪からの訪問客の一人が、大阪でライブを企画してくれたのが五年前。あまり行く価値を感じなかったけど、実際にライブをやると、妙に大成功してしまったのだ。

それと大阪の街が僕にすごいインパクトを与えてくれた。急ぐ人用の歩く歩道や、信号機の上にある待ち時間の表示。朝まで続くパトカーや救急車のサイレン、加えて暴走族…。何かが変。長い階段を両手に荷物をいっぱいもったバアちゃんを見つけ「持ちましょう」と、当然のように手を差し出すと「何すんねん！」と怒られて寂しくなった。久しぶりの内地に、島のゆったりした流れの中で暮らす今の自分とのギャップに、最初は怖いと感じたが、だから自分の歌が、内地の人に必要なのかもしれないという想いで、今も活動が続いている。そして、一九九八年五月二十九日に、東京銀座ヤマハホールでのコンサートを、在京八重山病患者の方々のご協力で開催した。チケットの好調な売れ行きに、チケットぴあの人もビックリだったらしい。

八重山、沖縄の魅力の底の深さを知るには、都会の人ゴミに立ってみるといいのではないだろうか。数字の上だけの観光の型は、そろそろ先が見えてきたような気がする。新しい自分探し。まだあるはずの沖縄の可能性を探していきたい。

一九九八年六月

九八年、東京コンサート回想録

八重山病患者は確実に増えている。沖縄でも数少ない貴重なファンの人以外には、無名なっちだきくおなのに、八重山病の東京オバァズの後援で開かれた東京銀座ヤマハホールでのコンサートは五二五席が完売。さらに約一〇〇名の立見の人が出た。請福酒造の振る舞い酒に釣られて集まった人も相当いたのは確かだけど、すごい反響となった。幕が静かに開き、波の音がザワザワ〜。MDのオケの音がドーン、ピンスポットがテレビ向きでないこの顔にピカ〜。ひきつった作り笑顔で「ヤイマ」が始まった。その後も、余計なことを喋らず格好よく歌い続けるゾ～と心に誓い、どんどん歌っていく。

「今日はお話しないの―?・」。四曲目に入ろうとした時、会場からそんな声が飛ぶ。その声にみんなが拍手。ヤバイと思ったが、語りも曲と言われている。島のオバァや風や海の話を始めた。皆、曲よりも一生懸命に聞き耳を立てているところが少々辛い。そして、ゲストは南島詩人の平田大一。今回は「ステージで喋らない」というテーマを決めていたので、彼は喋らなかった。

後でアンケートを見ると「無言のアーティスト平田大一が良かった」だって。島を語らせたら僕よりも上なのになぁ。そして、アンコールの最後で大一も加わって「目出度節」で締めくくった。

二日後、島にコンサートの余韻のまま戻ったら、近所のオバァから「五日間も家族ほったらかして、何処にが行ってたか」と叱られた。「あのコンサートは夢だったのか!?」と思ってしまうほど、島の人に一瞬にして引き戻された僕でした。

一九九八年七月

島の手づくり音楽祭

野外での音楽イベントを企画する者にとって、雨だけはいつも悩みの種である。小浜ドームでもあれば別なのだが、一〇〇年経っても建ちそうもないし、難儀な雨。

今年も恒例の「黒潮ルネッサンス98」が小浜小中学校グラウンドで、九月二十六日に開催された。

リハーサルはピーカン天気で、ギターが日射しで溶けそうだったのに、本番直前になって、竹富島がスコールの中に消えた数分後、今年も大雨になった。さぁ今から始まるぞ!と、司会、出演、プロデュース、弁当の手配等々、重責を担って、いざオープニングの挨拶だーと、ステージに飛び出した僕と南島詩人・平田大一は、その直後、テント張りの急務に汗を流すことになった。ところがスコールだから十分で止んだ。

閉会まで三回も雨の中断があったにもかかわらず、聴衆のみなさんは沢山残ってくれた。ひらきなおりの状態であったが、妙にステージ側の人と聴く側の人が一体化されて、良い雰囲気になった。小浜保育所のおゆうぎ。中学生十四名全員によるバンド演奏。そして、あの有名な(?)島のオバァちゃん合唱団。昨年より一つ歳をとり、パワーアップ。ステージ七分、入退場十五分という相変わらず驚異の平均年齢八十八歳の十五名の軍団。ダ・パンプのしのぶを育てた元小浜小中学校教諭の藤吉天舞と、今は首里高校に学ぶ教え子、大城空のデュエット。小浜島出身の宮城衛の歌。そして、つちだきくおの島風景の唄。平田大一と群星エイサー隊（はいむるぶし職員十五名）の踊り等々。ほとんどの島の人が出演したようなコンサートだった。

島の手づくり音楽祭。芸能の島らしいイベントだなぁと、終了後、濡れたコードを巻きながら、いつの間にか満天の星になった夜空を見上げながら思った。

一九九八年十月

タピスカロイ

小浜島誌という本を執筆した山城浩さんの文中に見つけた「タピスカロイ」という言葉。現代風な言い方では、タピヌカロイ、旅先の幸いということとか。海洋国沖縄には、旅立つ人、旅に出ている子供らの幸いを祈る時の言葉がある。かりゆしが有名だが、タピスカロイは、その小浜バージョン。響きが気に入って、この言葉のファンになってしまった僕は、四月十日に発表するサードアルバムのタイトルにこの言葉を使わせてもらうことにした。

海を渡っていく蝶を見たことがあるだろうか？　外洋でも海人は見かけることがあるという。漂流している板などで休憩しながら、見えない大陸を目指して行くんだろうなぁと思うと、ぬくぬくと生活しながらグチを言っている自分が恥ずかしくもなってくる。でも、世紀という大海原を越えようとしているヒトも、やはり旅の途中。そんな色んな想いの旅に幸いが沢山あればというテーマで、一枚のアルバムを作ったのだ。

恐ろしいことに、三枚目にして、初めてジャケットに自分の写真が載ることになって、ラジオ向きの僕としては、素直にお勧めできない部分もあるのだが…。

三月末には、駐在さんやお医者さん、学校の先生、はいむるぶしの職員が交替のために島を出ていった。毎日顔を合わせていたので、とっても寂しいものだ。港で手を振りながら、改めて「自分の居場所はここなんだな」と、そう思う季節だ。先日、島外で活動することになった南島詩人の平田大一を見送りながら「タピスカロイ」とつぶやいた。

島の父や母の想い、島人の祈り、「タピスカロイ」。いつまでも大事にしたい言葉である。

一九九九年四月

地謡《じかた》

小浜小中学校創立五十周年式典が、盛大に行われた。卒業生ではない僕ではあるが、記念に購入された音響装置一式の操作が難儀ということで、半強制的にその係に任命されて、長〜い一日を過ごすことになった。

島のイベントは手作りなので、全員で役割分担をして進めなければならない。そんな中何故か、ビールと酒の準備だけはトラブルもなく、一番最初にスタンバイできている。二次会用もぬかりなく。

さて、音響担当のもとに、式次第は届いたが、内容を打ち合わせる司会はまだ来ていない。「ギリギリになるはずよ～」と言われて不安になった。余興用のテープやＣＤが続々と届き、アシスタント役の女先生が、テキパキとやってくれてはいるが、「二曲目か三曲目、どっちだかわからんさ～」などと大騒ぎしている。

本番の時間ちょうどに司会がやってきた。そして一緒に三人の地謡もやってきた。彼らは音響席の横のマイク席に座り、プログラムを眺めると、座開きの曲を「あうん」の呼吸で弾き始め、終わるとサーッと出ていった。次の出番が来ると戻ってきて、座って曲を弾く。後半は出番も多く、フィナーレのカチャーシーの時は、汗を流しながら必死で弾き、お客の退場の際は、「小浜節」を静かに奏でる。司会が地謡の紹介をしている。客席からは見えない彼らではあるが、キリッと真顔で自分の名前を聞いておじぎする。最後にはそばで、音響係をしていた僕に、「どうも」と言ってすーっと帰っていった。

なんか格好よかったなー。こっちはテープや曲の変更、飛び入り出現でワーワーやってたので、ひどく差を感じてしまった。そういえば司会の人とは最後まで会わなかったなぁ。

一九九九年七月

機内BGM

色んな街へ招いてもらい、八重山病患者増産のためのコンサートや講演会を継続中の僕にとって、飛行機は欠かせない移動手段だ。マイルも随分と貯まった。以前は飛行機が苦手だったのだが、最近やっと機内で眠れるようにもなった。そして必ず機内でのＢＧＭを聴くようにしている。

ジェットストリームは、よく眠れていい。ポップス系は、かえってイライラして疲れる。ＤＪも半英半和のたたみかけるような口調で、ため息しか出ない。年齢的なものもあるとも思うが、やっぱりクラシック系やジェットストリームが好きだ。

石垣島にも主要都市からの直行便が就航するようになったため、ＪＴＡも独自の番組を作っている。これが、何といっても最高の番組だと思う。前田すえこさんのナレーションで、有名無名を問わず、沖縄のミュージシャンの曲が続々と流れてくる。途中でインタビューのコーナーもあって、濃い島人や島内地人が沖縄を大いに語っていて、つい嬉しくなる。少し前に、垂見健吾さんのインタビューが流れていたが、「島のオバァは一人でもブラジルに堂々と飛行機に乗って渡っていく」というくだりには、大笑いしてしまった。
ただこの番組が本土との直行便でしか流れてないのが悲しい。出来れば那覇と各離島を結ぶ便には常設して欲しい。少なくともJALの那覇を結ぶすべての便に採用されればいいのにと思う。山ほどチャンネルがあるのになぁ。沖縄の音楽は、妙に空の上で似合うといつも思いながら、それをゆりかごに口をあけて眠っているつちだきくおである。僕の曲もそろそろ加えてくれたらなぁと、思いつつ。

一九九九年十二月

島のサテライトスタジオ

夜になると、昼間やっと聴こえていたRBCラジオは、台湾などの電波に負けて聴こえなくなる。民放のテレビが入らなかった頃、コマーシャルや今を伝える旬の情報は、やっと聴こえるRBCラジオに頼っていたので、夜になると寂しい思いもした。中には「○○さんの家の東側から大岳までは、〝ハイリ〟がいいサー。雑音が増えたらヨー、雨が降るサー」などと研究を重ね、それなりの気象予報兼務のマニュアルを作っている人もいた。今は、テレビでその悩みも消えたが、ちょっと懐かしい想いもする。

以前、平田大一がRBCラジオで「小浜島から三拝云」という番組をやっていたが、自宅のラジオでは入らず、用もないのに車に乗って、石垣島の見える丘でよく聴いたものだ。車のラジオが一番入りやすいのだ。僕も何度か出演させてもらった。ラジオは何かやっていても耳に残るところがいい。見えない分、想像できるのがいい。顔が出ないからルックスに関して自信のない僕にとってもいい。

さて、未だにラジオ難聴地域の八重山に、何と！　RBCラジオのサテライトスタジオが設置された。場所は小浜島、はいむるぶしのロビー。僕のPAセットがそのままスタジオになったのだ。ISDN回線というものを使ってRBCと直結。加えて全国のラジオ局ともアクセス可能となった。一番最初に思ったことは、旬の台風情報が流せるということ。「あっ、今年が飛びました」などと、自分のマイクから情報が流せるわけだ。

とりあえずは、夜のRBC小山アナウンサーのラジオ番組で全国から集まった宿泊者を前に、コンサートの途中で対談するスタイルをとっているが、島の人には聴こえないのが寂しい。近いうちに地元のスポンサーを募って、八重山発の番組を作るつもりですので、お楽しみに。

一九九九年十二月

イノーズ、上京

八年前、八重山音楽祭というイベントにオーディションから勝ち抜いて出場した僕は孤独だった。小浜島を出て活動したことがほとんどなかったので、他の石垣市民らしい、同じ高校のOBらしい出演者の和気あいあいの控え室で、一人貝になっていた。その時、親しく話しかけてくれたのが、宮良肇、大田守雄の二人。イノーズの始まりだった。練習はしないが本番に強い、地元では無名の八重山最強ユニットバンド「イノーズ」。

イノーとは砂という意味もあるが、リーフの内側の浅瀬を海人がそう呼ぶ。僕は小浜に住み、夜はいむるぶしのロビーで歌うのがベースの人。宮良肇、大田守雄は石垣在住の社会人。練習しようと思っても夜しかないわけで、なかなか集まれない。それでも、それぞれに腕を磨いて、それぞれバンドもやりながら、月日は流れ、何とファーストアルバム「イノーの詩」を一発録りで石垣のスタジオで徹夜で作ってしまい勢いづいた。大田の包み込むストリングス中心のキーボードアレンジ。ロックもバラードも「鳴き」がガンガンの宮良のギター。さっぱりとしたつちだのボーカル。不思議なバンドだ。

そして今年、つちだきくお東京公演で初お披露目となった。アンケートには「かっこいい」「八重山の熱い風が吹いた」などなど本人たちもビックリ。嬉しくなって打ち上げの時、つい味付海苔で「お歯黒～」とか、爪楊枝を瞼や鼻にさしてモーヤー踊りをやって宴会もピーク状態になった時、東京の支援者たちは言葉をなくした。場所が銀座であったのが場違いだったようだ。その後反省会で、曲のことを話し合うつもりが、打ち上げの余興を次回は何にするかというテーマになった。怖いもの知らずのイノーズである。次回は大阪、そしてリウボウホールに出演予定のイノーズ。ご期待下さい。八重山の熱い音楽と宴会芸の技。

二〇〇〇年六月

ラジオ生放送

はいむるぶしのロビーの一隅に、僕が十一年間歌い続けているステージがある。そこの音響機器が、ＩＳＤＮデジタル回線というシステムで、そのまま那覇市久茂地の琉球放送と直結されて、毎週日曜日、午後二時四十五分から十五分間、琉球放送ラジオ生放送番組「つちだきくおのヤイマ・イノー通信」が四月からスタートした。十五分間なんてたいしたことはないサーとお気軽に始めてみたら、これがもう大変で、日曜日が来るのが早く感じられる。アシスタントのカエという女性も、近頃石垣島の青年と結婚してあっけなく降番。一人でＭＤ、ＣＤ、ストップウォッチ、原稿を全部いっぺんに見て、触って…。十五分後には、フラ〜っとなる。石垣島二時発の船で到着したばかりのチェックインのお客さんがいる時間帯で「何やってんだ〜」って顔で僕を見てる。夜のコンサートでは主導権を握って、しっかり聴かせる自信はあるが、どうも照れる。

でも、やっと最近慣れてきて落ち着いて放送できるようになった。週一回の島の情報といわれても何にもない時には何もない。そこで登場したのが、このエッセイの朗読。三年前から書き続けてきた「小浜島通信」がここで大活躍中でもある。リスナーからのＦＡＸも増えてきた、本島に住む八重山の人達や、八重山に想いのある人達から。郷友の人が本島に住むまわりの郷友に知らせると、生放送など出来るはずがないと思っているらしく、「遅れてるさ〜、今頃ハム無線でやってるなんて」などと言われてもいるらしい。イシャヌヤーのコウチャン、ひげのめがねさん、宮川さん…。みんないつも三拝云。石垣島の情報は、八重山高校放送部の面々が提供してくれはじめていて、少しずつ楽しくなりそうだ。あなたも八重山のことを何か思ったらＦＡＸして下さいね。よろしく。

●ＦＡＸ＝０９８０８・５・３４０３

二〇〇〇年八月

オーディション

はいむるぶし主催の「群星チャンプルー音楽祭」に、地元八重山のバンドの参加をと募集したら、なんと総人口四万五〇〇〇人なのに、二十組もの応募がきた。当然、全部のバンドの出演は無理ということになり、石垣島にあるＬＩＶＥ　ＨＯＵＳＥ「ＪＵＪＵ」で、オーディションをやることになった。

つくづく思うが、八重山の音楽シーンは熱い。ビギンをはじめメジャーデビューも六組ほど。日本全国さがしても、こんなところはない。

ヤマハポピュラーミュージックコンテスト九州地区出身の僕が、昔オーディションに出た時、横にはチェッカーズが並んでいたし、その時のゲストはチャゲ&飛鳥だった。今はすごいメジャーだが…そんな時代を今回司会をしながら想い出していた。

審査員はイノーズをはじめ、地元の先輩ミュージシャンたち。なぜかその中に日出克も特別参加。中二階からバンドを見下ろして正面を向き合う審査風景。薄暗い中、シーサーが六体並んで座っているようだ。出場者はさぞドキドキしていることと思い、女の子バンドに審査員に対してのインタビューをしてみると、「ニコッと笑いかけたけど、無視されたさ～」との返事。

「あんなことされると、ドキドキするさ〜」と、審査員。緊張していたのは、慣れない審査員の方だったようだ。

二〇〇〇年十月

視聴者プレゼント

ラジオ生放送を始めて、半年が過ぎやっと一人で、ミキサー、タイムキーパー、パーソナリティをこなせる様になった。十五分間が、いつもアッという間に過ぎ、それでいて終了後は、ドッと疲れて、フラフラになる。人口四〇〇名の小浜島で、週一回の話題をと頑張るが、ゆったり流れる島の風にそんなに題材もないから、石垣島のジャーナリスト友寄英正さんや、八重山高校の放送部の人たちに協力して貰いながらどうにか続け、困った時は、このアルパの記事の朗読もやっている。

僕の番組の前に宮古島から下地暁さんが四十五分も熱く島を語っているのを聴いて、さすが先輩と思っているが、彼の番組の中に、視聴者プレゼントのコーナーがあることに気づいた。宮古の特産品など、地元のオバァたちの支えが見えてきそうなプレゼントって、いいなーと思い、ならば僕も小浜島からのプレゼントをと思ったが、冷静になってみると黒糖しか思いつかない。それはそれで喜ばれるし、きっと欲しい人も多いハズだが、県内向けとしては、インパクトが弱いと思っていたら「あったー、はいむるぶしが、あったー。オリジナル商品なら唸るほどある。これもらうしかない」となった。八〇〇〇円相当の福袋をただで貰い、放送で早速募集したら、次々と留守番電話に希望者が、殺到した。大成功とチェックしてみたら「今車からかけてます、商品くださーい」とか「ずうずうしいけど、ください」とか云ってはいるが、肝心の名前、住所、連絡先が解らない人が十二人中、十一人。「お願いだから、連絡先いってくださーい」と翌週のラジオで叫ぶ事になった。

物で釣ってどうする。という意見も聞こえてきそうだけど、これは、続けるぞうーと、毎日はいむるぶしのショップで目を輝かせてるハンターつちだきくおである。

二〇〇〇年十二月

ディナーショー～八重山編～

つちだきくおは毎年、夏に大阪のホテル阪神というところで、二五〇名程のディナーショーを六年も続けていて何故か毎回ソールドアウトになるんですよ。信じられないかも知れないけど…。

他人様のディナーショーのやり方を一度見てみる事も必要かもと考え、十一年八重山に住んでいて初めて、タイミングが合い、石垣島の某ホテルで某有名人のディナーショーに、お客さんとして参加した。なってないテーブルマナーも、どうにかやり過ごし、いよいよショータイム。流石に構成、演出などなど、プロだなぁと思った。アンコールでは、お決まりの客席を回って、握手しながら歌う姿もあった。（僕の場合は、黒糖をザルに入れて一人一人に配るスタイルを大阪ではとっている）とても勉強になったが、やはり料金が高い！　と痛感した。でも、毎年来てくれる。ディナーショーは、女性のためにあるのだなぁ。このディナーショーにも知り合いの女性、学校の女先生、雑貨屋のネーネー、友人の奥さん方が沢山参加していた。ただ、ひと目では解らないほど、皆、アッパリシャー（美人）なのだ。それぞれの究極のおしゃれで来ている。僕の座るテーブルにも女性が沢山居て、いつもの会話じゃない。方言も出ない。飲み慣れないワインを断って、「オリオンビール下さい」と、言っただけでシラ～ッとした視線が僕を包んだ。

そのままの流れで終了後、周りの人たちと、ホテルの最上階のバーにいったが、ディナーショーの空気をそのまま持った女性客で一杯だ。いつもと違う雰囲気がしばらく続いたが、誰かが大きな声で「アガヤー」と言った直後、緊張が解けて「ダッカラヨー」「ワハハハ」と、いつもの和やかな石垣島のディープな夜となった。いいんだよね。そんな空気で愉しむのも。たまにしか無いディナーショーなんだもんね。いつか石垣島でディナーショーするのが二十一世紀の僕の夢となった。

二〇〇一年一月

牛祭り

サトウキビが大事。でもそれだけではやっていけない面もあって、畜産業に切り替える農家が増えてきた。キビ畑が草原になって、黒〜い牛がゆっくり草を食んでいて、柵がグルーッと周りを囲み、大きな白い牧草ロールが幾つか転がっている。まるで北海道の草原のような風景が増えてきた。

八重山で牛といえば、黒島。黒島といえば、牛祭り。年一回のすごい祭り。島おこしの素晴らしいモデルケースだと思う。日本全国総テーマパーク時代で何処に行ってもお役所絡みのハード面が前面に出ていて、内容がぼやけている祭りが多く、主催する側の意気込みやアピールが見えないし、来てよかったと満足できるものが少ない。でも、牛祭りは違う。牛しかないのだ。牛の牧畜で八重山で最初に成功したのが、黒島であり、牛は島の救世主なのだ。牛をテーマにどんな祭りがあるのか?

あるあるい〜っぱいある。牛と綱引き、牛汁コーナー、牛と遊ぼうコーナー、牧草ロール転がしｅｔｃ…。関連付けたら次々出てくる。無理することなく、島にあるもので、島の人たちが楽しく主体性をもってやってる祭りだから、九回目を今年迎えたのでしょう。

それは実行部の人たちは大変だはず。毎年二〇〇人の島に、その日だけ二〇〇〇人も集まるんだから。大体石垣の人を船に乗せて島に来てもらうというのは、沖縄本島の人に祭りやるから石垣に来て、というのと同じくらい難しいことなんだなぁ〜これが。それが毎年増えている牛祭りはすごい。問い合わせ先も、人工授精センターな〜んてのが嬉しい。手作りな面が伝わりやすいんだな。オープンにして、黒島はこんなだようって、迎えるから行きやすいんだな。ただ牛一頭が当たる抽選会が目当ての家族連れが多いのも確かではある。

黒島青年会、そして黒島のみなさ〜ん、ご苦労様です。いつまでも続けてくださいね。無形文化財になったらいいいね。

二〇〇一年三月

阪神に負けた

たまには島外のお話でもしましょう。月一度の内地でのコンサート活動もお蔭さまで恒例化しています。旭川から沖縄までもう五十カ所以上でコンサート、講演会、ディナーショー…。幸せ者ですね。そんな活動の中で忘れられないスゴイ思い出の話をしましょう。つい最近のことなんですけど。

七夕スペシャルイベントと題して大阪のど真ん中、梅田にある阪神百貨店の屋上ビアガーデンのステージに立った、ゲストに日出克を迎えて。実は日出克にとっては初の大阪であった。まず、待ち合わせ場所も間違えて難儀なスタートでもあった。僕にとっても初のビアガーデンへの出演で一体どんな雰囲気なのかと心配しながらリハーサルに望んだ。

開場は五時、イベントは五時半から六時半までの一時間のみのスペシャル。大体この二人で一時間というのも変。二時間でも充分やれるけど、そう打ち出しているならしかたがない。まずは僕がお喋りを絡めて八重山の紹介を歌いながら始めた。ただ飲みたいがために来ている一般の人たちは向こうで、「カンパーイ、がははは」などとやっている。ステージの周りには僕のファンがジーっとこっちを見ている。「この空気を一つにしなきゃ」という思いが強くなり、まだ下手ながらサンシンで小浜節などを披露し少しづつ会場をまとめていった。

そして二十五分で三曲しか歌えず、ゲストの日出克にバトンタッチ。喋らずともあの風貌と曲を初めて体験した大阪の人たち。加えて琉球國祭り太鼓関西支部のメンバーの共演もあり、大盛り上がり。最後は僕も入り「繁昌節」でチャンチャンと理想的に終演を迎えた。ただ「お客さんも盛り上がってるし、まだまだやれますよ」と提案したが、「いえいえ、時間内でいいですよ。本当はもっと聴きたいですが…」と主催者。好評で終わりそのままその会場で打ち上げとなった。するとどうだろう、ステージ上の機材があっという間に撤収されステージ背景に大型スクリーンが現れ何が始まるのかな～と見てたら、何と、甲子園球場の阪神の試合の生放映が始まった。
会場は大フィーバーとなった。感動しましたと言ってた人も僕の熱烈なファンも僕と日出克のステージを置き去りに阪神ファン化してしまった。落ち込むスペシャルゲストの僕と彼はただビールを飲んで酔うしかなかった。阪神には完敗でした。

二〇〇一年七月

九州に吹いた八重山の風

僕のふるさとは、大分県杵築（きつき）市。全国で二番目に人口の少ない市なんだ。エッヘン？　山原ほどの落ち着きはないけど、結構田舎です。キンモクセイの香り、黄金色の稲穂、秋祭りの準備…思わず「う〜さ〜ぎ〜お〜いし、か〜の〜や〜ま〜」と、また一人悦に入っています。やっぱ内地は秋です。島はまだ夏してるだろうね。今、そのふるさとでこのコラムを書いています。

今回は、私、プロデューサーなんて仕事をさせてもらいました。九州の小倉にある井筒屋百貨店で催された「ＯＫＩＮＡＷＡ展」という物産フェアに合わせて、同時開催された、「ちゅらさん」記念「ヤエヤマの月」というテーマでの音楽イベント。平田大一、我如古より子、藤木勇人、つちだきくおによる、初日のこけら落としコンサートに始まり、日替りで、平田大一、Ｔｈｉｓ　ｉｃ、新良幸人＆サンデー、日出克＆琉球國祭り太鼓長崎支部、つちだきくお＆イノーズ、大島保克ｅｔｃ…。ほとんど八重山のミュージシャンで構成しました。小倉の人達にはなじみのない面々でしたが、一週間、毎日聴きにきてくれた人も多く、大盛況でした。内地的な感性では、テレビに出て名前が売れていないと本物ではないというようなところがあるのに、やはり八重山の風は吹きました。時代が変わり始めてますね。聴いた人、見た人、驚いてました。ついでに年齢にも驚いてましたよ。（誰かは言えない）

この流れを全国主要都市に広げたいですね。琉球フェスティバルみたいな、大きなものじゃなくていいから、「八重山ナイト」みたいなイベントが定着すればいいなと思うのです。

さぁ次は小浜島での「チャンプルー音楽祭」の準備だー。宮永英一、普天間かおり、Ｔｈｉｓ　ｉｃ、地元選出バンド、川満シェンシェー、そしてちゅらさん記念の特別ゲスト、そして小浜島バァちゃん合唱団。（入退場で十分かかるかも）プロデュースは当日まで大変だけど、打ち上げのビールの美味しさは、何とも幸せなもの。もう来年の企画も二つ考えてるサー。沖縄のミュージシャンの好意に助けられてます。みなさん、三拝云。

二〇〇一年十月

口笛の思い出

十年前、「八重山音楽祭、出場者募集」の広告を新聞で見て、それまで小浜島での活動しかしていなかった事もあって、一度、友達作りのためにも出てみようと考えた。ところがオーディションを受けてとの条件があり、一応プロでやってるので躊躇したが、「そんなのはど～でもいいですよ～」との答えだったので、ま～予選通過は間違いないし、ここはプロ意識は棄てて出てみようと、石垣市民会館へ出向いた。九州のヤマハポプコン出場の経験でオーディションの空気は熟知していたから、気楽に挑戦しようとしてたら、どうも空気が違う。オーディションなのに、出るバンドの前に立って踊り、まるでコンサートに来ているかのようなノリだ。普通は審査員が厳しい顔して正面に座り、出場者も観客も緊張感の中で進むのが僕が今まで経験してきたものだったから、出端を挫かれた。また各バンドのレベルが高い。だんだん不安になった。「もしかすると予選落ちかも…」。バンドばかりが続きそれなりの応援団もハイテンションの会場に、突如、見たことない人が弾き語りで登場となり、心臓がバクバク。逃げ出したい気持ちでいっぱいのままステージへ。

最初はシ～ンとしていたが、「何かこいつは～」みたいに思われていてヒソヒソと蔑視されてるような被害妄想に頭が真っ白になっていた。ところが間奏で口笛を吹いて二コーラス目に向かおうとしたら、口笛に対して、拍手、指笛、声援、「いいぞ~オジ~」とまで出て、気持ちがグ~ンと盛り上がり気持ちよく歌うことができた。でも、予選通過は無理だろうと諦めて審査発表を待った。ところが「口笛も上手でした」とのコメント付きでどうにか通過した時の喜びは今も覚えている。

音楽祭で、メデューサやビギンとも知り合い、今のイノーズのメンバーとも知り合い、小浜島しか知らない世界から飛び出して八重山の音楽家らとの付き合いが始まって、今の僕が居る。CDの制作もそんな仲間らとやってるし…。あのオーディションで落ちてたら、今の僕は居なかったような気がする。

何かが暖かいですよ、八重山の音楽シーンは。だから今も八重山のそんな音楽家たちを勝手に応援している僕なんでしょうね。控え室で「どうしてそんなに口笛が上手なんですか?」と高校生らに訊かれ、「インコ七匹飼ってたからかね~」と答えたら妙に納得してくれて、楽しかったなぁ~。口笛が上手で良かった。正直言うとギターが下手の裏返しなんだけどね。人生何が幸いするやら。琉球アカショウビンの真似は凄いよ。奴ら、近づいてくるよ。いつかコンサートでご披露しましょう。口笛の思い出まで。

二〇〇一年十月

八重山の音楽事情

小倉での一週間の音楽イベントに、八重山のアーティストだけで構成した企画をさせてもらった。初めて聴く聴衆もびっくりしたようで、それなりに成功した様な感触だ。ただデパート主催の屋外でのイベントで、それも会場が通りに面していたこともあって、新良幸人のあの素晴らしい生歌の前を地元のオジィらが自転車押しながらチリンチリンと通り過ぎていたらしく幸人ファンからは少々クレームが出たりして、反省点も多々あった。連日日替わりで八重山出身の音楽家が登場して、最終日は大島保克とイノーズの共演だった。

気付いたんだけど、イノーズの宮良肇、大田守雄に対して、大島君が「ニ〜ニ〜」と呼んでいた。そういえばビギンも「八重山音楽祭」で先輩バンドの面々にそう言っていたし、お茶も配っていたなぁ〜。年功序列がたとえメジャ〜になっていてもしっかり引き継がれている。

小浜島の場合も同じ。大事にすべき素敵な感性だと思った。今年も開催された、小浜島はいむるぶしの「チャンプルー音楽祭」の地元バンド出場予選オーディションにも進んで音響、照明、審査と、先輩バンドの方々がボランティアで参加してくれている。だからいいバンドが続々と出てくるんだと思う。今年も二十五組もの応募が「チャンプルー音楽祭」にはあった。甲乙つけ難いバンドばかりで、完成度も高く、ヤマハのスカウト担当者も唖然としていた。

ただ石垣にはスタジオとよべるのも少ないのに、練習場所はどうしてるんだろう。尋ねてみると、倉庫、家、色々らしいが、我がイノーズは石垣の実力ナンバーワンのロックグループ、スチューピッドドッグの練習場を借りて時々やっている。以前は工場の屋根裏だったが、そこも使えなくなり、今は何と「牛小屋」。最初はびっくりした。牛の糞、肥料などのなんともいえない臭い。周りはお墓ばかり、蚊の襲撃、我が物顔で走り回るネズミ。ネズミがいれば…ハブも。ビビッたね。でもそんなものぶっ飛ばして、練習している。だから反骨精神も凄い。ただ牛さんたちにはいい迷惑かも。ニ～ニ～たちの愛情、素直な後輩、牛小屋と色んな風の中で八重山の音楽は今日もまた新しい感性のミュージシャンを誕生させているんだと思う。

「獅子GONG」というオムニバスCDが八重山の新しいバンドをいっぱい詰め込んで発売されている。聴いてみて下さい。今は休止が続いているけど、「八重山音楽祭」をまた再開できたらいいね～。がんばろうね、ニ～ニ～たち。

二〇〇一年十一月

イチュヌヌ

小浜島も最近やっと、冬らしくなってきました。製糖工場の煙が集落へ流れ、あま～い臭いに包まれてます。北東の風の時は特にね。キビ刈りファイターズ、平田清氏が代表でやってる、援農隊。僕が気軽にキビ刈りをと集めた、はいむるぶしのお客さんの軍団などが島の風の中でそれぞれの価値観を持ってキビ刈りやってます。少し寒いくらいがちょうどよくって皆、嬉々として刈ってます。

さて、もうすぐ僕の四枚目のアルバムが出来上がります。九月から大阪でレコーディングしていて、今回はゆっくり作ってます。今までの僕の第一回目の集大成の二枚組みのアルバムです。タイトルは「イチュヌヌ」。

「イチュヌヌ」。何バ〜？　と、質問が相次ぎましたので今回はこの辺を書きましょう。島の旅は、当然、海を越えて行く旅。今から向かう水平線が一本の真っ直ぐな絹糸のようになってて欲しいと誰しも願う訳です。穏やかな航海をね。それを「旅ぬカリユシ（幸い）、イチュヌゥイ（上等な絹糸の上）から…」と琉歌にもあるそうです。加えて、振り返る船の航跡を「イチュヌヌ」と言うそうです。イチュは上等な、ヌヌは布。穏やかに過ぎて行く航跡を、そう呼んだそうです。もう一つ、昔の帆船の布は要所に絹糸が使われていたのです。そうした船の旅の後先にイチュな絹糸を含めての歌がありました。今回の作品はつちだきくお自身の歌手としての始まりから、小浜島での作品までを網羅したもので、「イチュヌヌ」としました。

ベスト盤と簡単にはつけ辛くて。ユーミン、五輪真弓などのカバー曲や新曲。そして恐れを知らない、つちだきくお風「二見情話」のアカペラ、「ミルク節〜イノーズバージョン〜」などの二十八曲です。「自分が毎日聴いても大丈夫」が今回のテーマで、何度も聞き直し、取り直しを繰り返しています。三月には発表出来そうです。お楽しみに。

本当に昔の人たちの自然を歌う事の美しい視点には驚きますね。陸地の旅の場合は「シルヌヌ～白い布」と言うそうです。今の人には到底出ない発想ですね。いつかそんな歌ができたらな～とキビ刈りながら思ってるさ～。

二〇〇二年二月

あとがき

これは沖縄の若者向けの求人情報誌「アルパ」に長年掲載されてきたものです。島に今も残る「文化」を少しでも感じとって貰いたいと、敢えて全国の幅広い世代に向けて再編集しました。

文章を書く。これはシンガーソングライター（古い？）の僕にとっては、未知な世界でした。作詞はするけど、ちょっと分野が違う気がしました。不安だらけで始めた「小浜島通信」。それが気がつくと一〇〇篇以上の連載となり、人口四五〇名の島での日々を題材に、ここまでよく書けたものだな～と我ながら驚いています。

書いているうちに、それがきっかけになって、曲が出来たり、コンサートでのお喋りに使えたりと結局、良い事ばかりだったかな～。ただ、「締め切り」という文字に怯えてもいましたよ。

そして、この作品は僕なりの日記のようなもの。島に吹く風、オジィやオバァの優しさ、飾りっ気のない島の日常、年功序列の厳しさ、仕事は二の次の祭りの遂行、すべて手作りで行う行事…。誰一人それを疑う事もなく、昔から脈々と笑顔で続けている、島人の決心、そんな「文化」。ただこれは僕が子供の頃、内地でもあったこと。たかだか三十年前にね。

ま～難しい事は置いといて、とりあえず、少し笑って、少し頷いて、少し元気になってもらえたら、嬉しいです。「どこかが楽園」の、この小浜島でこれからもメモとペン持って、その訳を探しましょう。

最後に長年掲載にご尽力頂いた、「アルパ」の皆さん、この本の制作を快く実現して下さったハーベストファームの野田隆司さん、そして小浜島のみなさんに、この場をおかりして、お礼申し上げます。

ミーハイユー。三拝云（小浜語で、ありがとう）

つちだきくお

二〇〇二年六月

プロフィール

■つちだきくお

大分県出身。ヤマハPOPCON出場をきっかけに小浜島の「はいむるぶし」での定期演奏に入り、八重山病（つちだ造語）にかかり、十四年前に小浜島へ移住。以来、ず～っと小浜島。はいむるぶしでのロビーコンサートをベースに、全国に出かけながら島の魅力をアピールしている。琉球放送のラジオ番組「つちだきくおのヤイマ・イノー通信」。インターネット「うるま」でのコラムの連載、加えてサトウキビ生産農家もどきも始める。NHKの朝の連続テレビ小説「ちゅらさん」では小浜小学校先生役で俳優？デビューした。

つちだきくおディスコグラフィー

■CDアルバム

「イノーの詩」

1 ムーンライトボサ
2 石垣
3 イノーの詩
4 ディジャブー
5 ラストモーニング
6 トワイライトタイム
7 つれづれの夏
8 ミッドナイトサン
9 川
10 ラブロード小浜

「シンジャの詩」

1 ヤイマ
2 さとうきび畑

3 てぃんさぐぬ花
4 夏〜最強のティダ
5 花
6 月ぬ美しゃ
7 川〜イノーズバージョン〜
8 シュガーロード
9 夢
10 月の浜辺
11 シンシン
12 目出度節

「タピスカロイ」

1 芭蕉布
2 軽トラックかりて
3 風の島
4 繁昌節
5 月桃花
6 光の夏
7 ぶがりのぅし

8 ココロ
9 デンサー節
10 黄色いヘルメット
11 テーゲーブルース
12 マイロマンス
13 タピスカロイ

「イチュヌヌ」（2枚組）

・DISC 1

1 雨のステーション
2 ジョージアオンマイマインド
3 別れのサンバ
4 恋人よ
5 冬の嵐
6 朗読（大仲のアサイ）
7 さとうきび畑
8 風の島
9 弥勒節
10 二見情話

11 きっとFOREVER
12 美らさ〜
13 海人
14 イチュヌヌ

・DISC 2
1 イノーの詩
2 つれづれの夏
3 石垣
4 川
5 ヤイマ
6 ミッドナイトサン
7 軽トラックかりて
8 朗読(ぶがりのぅし)
9 ぶがりのぅし
10 テーゲーブルース
11 シンシン
12 光の夏
13 タピスカロイ
14 ラストモーニング

■CDシングル

「屋久島FOREVER」

1 屋久島FOREVER
2 川
3 屋久島FOREVER～カラオケ～

■ビデオ

「'98東京コンサート」

ゲスト／平田大一

1 夏～最強のティダ～
2 てぃんさぐぬ花
3 石垣
4 やイマ
5 ココロ
6 花
7 島唄
8 黄色いヘルメット
9 ラブロード小浜
10 川
11 目出度節

「'99東京コンサート」

ゲスト／日出克

1 芭蕉布
2 風の島
3 屋久島FOREVER
4 ヤモリのきゃきゃきゃきゃ
5 デンサー節
6 ミルクムナリ
7 デンサー節
8 月桃花
9 タピスカロイ
10 シンシン
11 繁昌節

「2000年東京コンサート」

ゲスト／イノーズ

1 石垣
2 ミッドナイトサン
3 つれづれの夏

4　川
5　きっとFOREVER
6　軽トラックかりて
7　さとうきび畑
8　美らさ〜
9　目出度節
10　シュガーロード

「2001年東京コンサート」

ゲスト／日出克

1　ヤイマ
2　月ぬ美しゃ
3　ココロ
4　軽トラックかりて
5　ミルクムナリ
6　ラブロード小浜
7　小浜節
8　ぶがりのぅし
9　タピスカロイ

10 繁昌節

ビデオ制作・発売
㈱バードランド
03―3374―7145

ニロースク ～小浜島の風便り～
2002年7月15日 第1刷発行

著　者／つちだきくお

扉写真／北島清隆
編　集／野田隆司
表紙デザイン／山田祥包
発行者／野田隆司
発行所／ハーベストファーム
〒901-2224
沖縄県宜野湾市真志喜3-11-22-406
TEL 098-898-4038
E-mail　rn@pop06.odn.ne.jp
Web site　http://www.harvest-f.com/

印　刷／沖縄高速印刷株式会社
TEL 098-889-5513